BIBLIOTHÈQUE CONTEMPORAINE

C.-A. SAINTE-BEUVE

DE L'ACADÉMIE FRANÇAISE

LETTRES
A LA
PRINCESSE

PARIS
MICHEL LÉVY FRÈRES, ÉDITEURS
RUE AUBER, 3, PLACE DE L'OPÉRA
LIBRAIRIE NOUVELLE
BOULEVARD DES ITALIENS, 15, AU COIN DE LA RUE DE GRAMMONT
1873

LETTRES

A

LA PRINCESSE

CHEZ LES MÊMES ÉDITEURS

OUVRAGES

DE

C.-A. SAINTE-BEUVE

DE L'ACADÉMIE FRANÇAISE

Format grand in-18

NOUVEAUX LUNDIS, 2ᵉ édition............	13 vol.
PORTRAITS CONTEMPORAINS, nouvelle édition revue, corrigée et très-augmentée.........	5 —
CHATEAUBRIAND ET SON GROUPE LITTÉRAIRE SOUS L'EMPIRE, nouvelle édition, augmentée de notes de l'auteur..................	2 —
ÉTUDE SUR VIRGILE, suivie d'une étude sur Quintus de Smyrne, nouvelle édition.......	1 —
P.-J. PROUDHON, SA VIE ET SA CORRESPONDANCE, 3ᵉ édition...................	1 —
SOUVENIRS ET INDISCRÉTIONS. — Le dîner du vendredi-saint, 2ᵉ édition............	1 —
LETTRES A LA PRINCESSE............	1 —
Mᵐᵉ DESBORDES-VALMORE............	1 —
LE GÉNÉRAL JOMINI, 2ᵉ édition.........	1 —
M. DE TALLEYRAND, 2ᵉ édition.........	1 —
A PROPOS DES BIBLIOTHÈQUES POPULAIRES..	Broch.
DE LA LIBERTÉ DE L'ENSEIGNEMENT SUPÉRIEUR.	—
DE LA LOI SUR LA PRESSE...........	—

POESIES COMPLÈTES

Nouvelle édition revue et très-augmentée

DEUX BEAUX VOLUMES IN-8°

PARIS. — J. CLAYE, IMPRIMEUR, 7, RUE SAINT-BENOIT — [53]

LETTRES

A

LA PRINCESSE

PAR

C.-A. SAINTE-BEUVE

DE L'ACADÉMIE FRANÇAISE

PARIS

MICHEL LÉVY FRÈRES, ÉDITEURS
RUE AUBER, 3, PLACE DE L'OPÉRA

LIBRAIRIE NOUVELLE
BOULEVARD DES ITALIENS, 15, AU COIN DE LA RUE DE GRAMMONT

1873

Droits de reproduction et de traduction réservés

Les Lettres recueillies dans ce volume ont été rendues au légataire universel de M. Sainte-Beuve, en échange de celles qui furent un moment l'objet, en 1869, de contestations à peu près oubliées aujourd'hui. Cet échange était dans la pensée de M. Sainte-Beuve lui-même; car, prévoyant le cas où les lettres qui lui avaient été écrites seraient réclamées après sa mort, il avait recommandé à ses exécuteurs testamentaires de les rendre, — à la condition toutefois de se faire rendre les siennes en retour. Il n'y a donc pas à revenir sur un

a

malentendu d'un instant, depuis longtemps réglé et terminé loyalement des deux parts, comme on le voit par la publication de ce premier recueil consciencieux et complet de Lettres de l'illustre critique.

Aussi bien ce volume inaugure une série nouvelle de ses œuvres, — et non pas la moins spirituelle, — celle de sa Correspondance, pour la réunion de laquelle on se propose de faire, et l'on fait dès à présent, ici même, un appel public à toutes les personnes qui en possèdent des fragments.

On obéit surtout, en livrant à la publicité les Lettres de M. Sainte-Beuve, à la pensée de doter l'histoire littéraire de pages originales et sincères, de portraits et jugements vifs, pris sur nature, à la La Bruyère, avec la soudaineté en plus. Le sens critique était trop inhérent au tempérament de l'écrivain pour être jamais abdiqué. Le principal mérite des

Lettres à la Princesse est qu'on y sent toujours, à de certains passages caractéristiques, sous forme même d'apologie et avec toutes les apparences de l'adhésion respectueuse, cet aiguillon, ce mordant qui a fait dire un jour à celui qui connaissait bien la nature de son propre talent · « J'ai plus piqué et plus ulcéré de gens par mes éloges que d'autres n'auraient fait par des injures. »

J. T.

LETTRES

A

LA PRINCESSE

I

Ce jeudi 20 juin (1861).

Princesse,

Je suis touché comme je le dois du si aimable témoignage de souvenir dont vous m'honorez. Non, en effet, on ne vit plus à Paris; c'est ailleurs qu'on respire : heureux les ombrages où l'on rêve ! Je suivrai samedi les indications que vous daignez me donner;

Et je mets aux pieds de Votre Altesse impériale l'expression de mes plus respectueux hommages.

II

Ce 16 novembre 1861.

Non, Princesse, ce n'est jamais moi qui me permettrai des remontrances; mais vous nous mettez à l'aise, vous nous permettez de penser tout haut devant vous, et c'est un de vos charmes; ne vous étonnez pas si nous en profitons.

Je ne sais si je me serais jamais entendu à la politique; mais je m'en suis toujours trop peu occupé, et d'une manière trop peu suivie, pour me flatter d'avoir un avis tout à fait sérieux. Je ne sens que comme tout le monde, comme le gros des gens. Eh bien, c'est ainsi que j'ai pris le grand acte d'avant-hier[1]. Est-ce très-sage et très-prudent par rapport à un avenir éloigné? Ne pouvait-on faire autrement? moins accorder,—faire

---

1. L'événement important du jour était le rappel de M. Achille Fould au ministère des finances, et l'inauguration, par le fait même de ce nouveau ministère, de l'application du régime de la discussion à l'emploi des ressources et fonds publics. (Voir *le Moniteur universel* du 14 novembre 1861.)

moins belle part à celui qui rentre, etc., etc.?
Ce n'est pas là ce qui me frappe. — L'empereur
y gagne-t-il dans l'opinion? Cette surprise annuelle, qu'il nous fait après tant d'autres qui
étaient quelquefois libérales, toujours nationales,
est-elle digne des précédentes? est-elle propre
à aller au cœur de quelques-uns de ceux que les
précédentes n'avaient pas suffisamment touchés?
Cela est-il de nature à lui gagner, à lui concilier
de plus en plus à lui, à son régime et à sa tige,
les esprits français qui se laissent prendre à la
façon autant qu'au fond?

Ce sont là, Princesse, les seules questions que
je me suis posées et qui se sont résolues d'elles-
mêmes dans mon esprit, qui est assez peuple et
qui y va d'instinct. Le reste est affaire aux
hommes d'État. Ils en ont le profit : qu'ils en
aient la peine.

Mais je crois, en vérité, que je disserte, et je
ne voulais, Princesse, qu'avoir l'honneur de vous
remercier de votre gracieuse pensée, et me
redire, de Votre Altesse impériale, le plus
reconnaissant et dévoué serviteur.

III

Ce 25 novembre.

Vous avez raison, Princesse, les belles natures et franches du collier font ce qu'elles doivent sans tant de façon, et sans tous ces corsets de fer et ces cilices [1]. Aussi j'espère que ma conclusion *finale* ne différera pas tant de l'impression vive que vous exprimez. Mais nous sommes de pauvres écrivains, et il nous faut faire le grand tour et toutes sortes de circuits avant d'arriver à *oui* ou à *non*. Je ne me plains pas de ces détours, puisqu'ils m'ont conduit à rencontrer les indulgences de Votre Altesse impériale, et ses contradictions mêmes qui sont une bonne grâce de plus.

Je mets à vos pieds, Princesse, l'expression de mes dévoués respects.

1. M. Sainte-Beuve publiait ce jour-là son premier article sur Mme *Swetchine*. (Voir *Nouveaux Lundis*, tome Ier.)

IV

Ce 16 janvier (1862).

Princesse,

J'avais bien compté avoir, hier soir, l'honneur d'aller vous remercier d'une si aimable attention. J'ai été retenu malgré moi, et je ne veux plus tarder à vous dire que je profiterai samedi de cette faveur.

Daignez agréer, Princesse, l'expression de mon respectueux dévouement.

V

Ce mercredi 2 juillet.

Princesse,

J'ai un bien grand regret, et surtout à cause du motif. Mais c'est une faveur dont je ne puis plus être dépossédé, maintenant qu'elle m'a été promise.

Demain jeudi est notre jour de séance solennelle : j'ai un plaisir tout particulier (et sans épigramme aucune contre l'Académie) à la sacrifier et à la mettre à vos pieds. — Je ne sortirai pas de l'après-midi.

Le portrait est copié au net [1], et il attend de pied ferme la confrontation, non sans un petit battement de cœur : mais les héros cachent cela, et on n'en est pas moins brave.

Veuillez agréer, Princesse, l'expression de mes plus respectueux hommages.

VI

Ce 8 juillet 1862.

Princesse,

Le voilà donc ce charmant portrait, fait d'un seul jet [2]. On avait bien raison de m'en donner le désir. Je n'ose parler de ma reconnaissance ; elle serait trop impossible à exprimer. J'aime mieux m'oublier pour ne voir que le crayon. Et vous ne direz plus maintenant que vous n'avez pas de

---

1. Le portrait qui a été recueilli depuis dans le tome XI des *Causeries du Lundi*.
2. Voir en tête du volume, *Souvenirs et Indiscrétions*.

nuances! Il me semble qu'il y en a. *Pas une tache d'encre*, est bien joli. Et cette passion dont il faut un peu pour être impartial et juste! Voilà comme vous devriez écrire toutes les fois que le cœur vous en dit et sur tout ce qui vous reviendrait de vos impressions, de vos souvenirs, — écrire à bâtons rompus, sans autre souci que de fixer une vivacité d'impression actuelle, un retour rapide vers le passé. Au bout de quelques mois, de quelques années, cela se trouverait bien curieux. Il y aurait là aussi un album à parcourir. — Mais de quoi me mêlai-je de paraître donner des conseils quand je ne dois que remercier, être reconnaissant, et graver cette date précieuse qui résume pour moi tant de bontés gracieuses et d'indulgence? Vous-même vous venez de la graver en lettres ineffaçables.

Cette semaine ne se passera pas que je n'aie l'honneur, Princesse, d'aller porter à vos pieds mes respects.

VII

Ce 1ᵉʳ août 1862 (vendredi).

Comment, Princesse, oserai-je mettre mes pieds sur ces magnificences dignes de Perse ou de Turquie et qui ont passé par vos mains? Mes yeux du moins s'y reposeront avec reconnaissance et douceur.

Je sais trop bien que la semaine avance et que je n'ai pas eu mon bon jour. J'ai été extrêmement abattu par la chaleur. Si je le puis, je me permettrai d'arriver demain vers sept heures; si je n'arrivais pas, c'est que je serais plus fatigué encore que je ne le suis aujourd'hui.

La conclusion de M. Renan est, en effet, fort belle et fort élevée. Avez-vous lu toute la brochure[1] ou seulement la citation des *Débats?* Je porterai à tout hasard la brochure elle-même. — Mais il est résulté de ce retard et de ce tâton-

---

1. *La Chaire d'hébreu au Collége de France. — Explications à mes collègues,* par M. Ernest Renan. Brochure in-8º. Paris, Michel Lévy frères, 1862.

nement à lui faire reprendre son cours, qu'il en a pris acte devant le public, pour planter son drapeau plus ferme que jamais. Que va dire le ministre de l'instruction publique? — C'est de ce côté qu'on n'a pas de drapeau.

Agréez, Princesse, avec mes vives reconnaissances, l'expression de mes sentiments les plus dévoués et respectueux.

VIII

Ce 4 août.

Princesse,

Je me suis empressé de m'acquitter de ma commission auprès de M. Renan, lequel, étant à Paris, me répond qu'il ne manquera pas de se rendre à l'aimable invitation de Votre Altesse impériale pour jeudi prochain.

Nous ferons route ensemble et partirons de Paris, probablement par le train de six heures pour arriver à six heures et demie.

Vous voyez, Princesse, que je suis un secrétaire des commandements très-exact et très-précis, mais je profite surtout de l'occasion pour me redire le plus reconnaissant et le plus respectueusement dévoué de vos serviteurs.

IX

Ce 22, mardi.

Princesse,

Je n'ai garde d'oublier mon jour de fête. Comme j'ai repris mon collier de semaine, je suis obligé de calculer. Demain mercredi sera un jour excellent pour moi. Mais, comme je ne suis pas très-sûr de l'heure où je prends le convoi et comme tout est si facile quand on va chez vous, Princesse, ne prenez pas le soin d'envoyer. Vous avez conquis M. Renan; il le disait autrement que Gavarni, mais il pensait de même. Il me semble que la petite conférence sur les Évangiles était fort nette et intéressante : il est du petit nombre des Français qui savent ce qu'on découvre ailleurs et qui, en le sachant, le perfectionnent.

Daignez agréer, Princesse, l'expression de mon dévouement respectueux.

X

Paris, ce 15 septembre 1862.

Princesse,

Vous êtes bonne comme je l'espérais en me faisant l'honneur de me donner de vos nouvelles et en me permettant ainsi de causer de loin, ce qui n'est pas tout à fait un dédommagement de ne pouvoir vous entendre de près. Je ne veux pas d'un vilain mot que j'ose rayer dans cette lettre tout aimable, c'est celui de *démonstration* de sympathie : cela mérite mieux et doit se nommer d'un tout autre nom. Mais laissons les noms, et je vois avec reconnaissance et bonheur que vous avez confiance aux choses. Ma vie est si assujettie, mon lendemain est si court, mon présent est si chargé que je n'ose arrêter ma pensée et la laisser errer à son gré sur ce qui en d'autres temps eût fait pour elle un long sujet de rêverie et de douceur habituelle. Mais je fais quelque chose de plus simple et de plus à ma portée, j'en jouis tant que je le peux en réalité, en vous voyant et en m'accoutumant à ce que je me permets tout bonnement de trouver aimable et plein de charme.

J'ai bien pensé à ce départ qui, ce me semble, a tardé d'une couple de jours et dont il m'était venu un bruit vague qu'il pourrait bien tarder davantage. Malgré le plaisir qu'on aurait eu à vous garder, Princesse, je craignais pourtant qu'il n'en fût ainsi; et, en effet, il eût paru que c'eût été de bien mauvais augure pour la cause que nous aimons, que l'Italie ne vous vît pas cette année. — Cette Suisse que j'ai habitée et que j'ai appréciée alors, a fort changé en effet depuis, et l'écume démocratique est de tout temps fort grossière, et là un peu plus qu'ailleurs. — M. Brenier, qui n'est pas Suisse du tout et qui me paraît le plus poli des gros hommes, laisse prendre bien aisément son nom : je lis ce journal qui m'impatiente ; mais ce qui me frappe, c'est qu'on le laisse chaque jour élever commodément sa tour d'attaque contre la place où l'on est : la tour est déjà à la hauteur des remparts; il part de là des projectiles ennemis ; et pas un mot, pas un signe du *Moniteur* n'a remis à leur place les impertinents et les outrecuidants. Je crains toujours qu'ils n'aient des intelligences au dedans. L'opinion du public en est toute déroutée. *Triste! triste!* s'écrie quelque part un personnage de Musset, un abbé, qu'il m'a dit un jour n'être autre que moi-même.

M. Thiers m'est venu voir à l'un de ses passages à Paris : il m'a parlé de vous, Princesse ; il vous savait un peu sévère, mais il vous aime toujours. Je crois que le mot d'*infortuné* [1], qui est, en effet, tout ce que vous dites et de plus une faute de ton, disparaîtra à une seconde édition.

Ce que vous me dites d'Auguste Barbier est bien fait pour m'étonner, et je ne doute pas, Princesse, que vous n'ayez eu affaire là à un de ces hommes qui se donnent pour ce qu'ils ne sont pas. Auguste Barbier, le vrai, l'auteur des *Iambes*, est un petit homme court et gros, très-

---

1. « *L'infortuné* Hudson Lowe. » M. Sainte-Beuve avait déjà relevé cette singulière épithète dans un article qui venait de paraître au *Constitutionnel* (8 septembre 1862), et qui a été recueilli depuis au tome III des *Nouveaux Lundis*. Il a pour titre *Sainte-Hélène*, et pour sujet principal le dernier volume de l'*Histoire du Consulat et de l'Empire*.

myope, très-bien mis habituellement, fils de notaire et par conséquent riche ou très à l'aise, ayant passé l'âge des folies et n'en ayant jamais fait, même en temps utile; tout occupé d'art, de lecture, n'ayant jamais retrouvé la belle veine qu'il n'a rencontrée qu'une fois; poëte de hasard, mais poëte : enfin, je le sais digne de caractère, et, quoique depuis des années ses yeux myopes l'empêchent régulièrement de me reconnaître quand il me rencontre, et qu'il ne me rende jamais mon salut, je n'ai pas cessé de l'estimer et de le considérer comme des plus honorables. Ainsi ce sera un faux Auguste Barbier qui aura profité de l'équivoque du nom pour escroquer à Son Altesse impériale un de ses bienfaits. — On pourra éclaircir la chose si elle vous paraît, Princesse, en mériter la peine.

J'ai envie, à l'un de mes prochains lundis, de m'occuper de *M. de Cavour,* à l'occasion de volumes qui ont été publiés sur lui. J'ai fait demander à M. Nigra d'en causer auparavant avec lui pour être dans le vrai du ton. Ce sera une manière d'exprimer à côté de la politique, mais d'un accent bien senti, ce que nous pensons.

Écrivez-vous vous-même, Princesse? Avez-vous emporté avec vous ce petit cahier où vous jetez vos souvenirs comme ils viennent, et où vous pourrez plus d'une fois soulager votre âme quand vous la sentirez oppressée de quelque énormité trop odieuse dans le présent? Il n'était que de commencer, et le plus fort est fait. Le fil se dévidera de lui-même.

Je suis bien languissant d'idées et bien nul de nouvelles : j'en voudrais avoir d'un peu vives et amusantes à vous raconter. Mais que puis-je en pareille matière? Je ne puis, Princesse, que vous offrir des sentiments de reconnaissance, d'affection fidèle et de désir que ces deux mois d'Italie soient pour vous aussi remplis et aussi agréables qu'ils sont vides pour nous.

Daignez agréer, Princesse, l'expression bien sincère de mon respectueux attachement.

J'envoie à l'heureuse colonie impériale de Belgirate une poignée de souvenirs.

XI

Ce 23 septembre 1862.

Princesse,

Je comprends trop bien les sentiments que vous exprimez pour les combattre. Oui, après la première curiosité et inquiétude qui nous porte à courir en tous sens et à chercher, je ne conçois plus rien que la stabilité, l'habitude, l'activité d'esprit et de cœur dans un rayon connu, dans un cercle d'où la variété n'est point exclue, mais qu'on franchit à peine. Lamartine a fait ce beau et doux vers :

Le jour semblable au jour, lié par l'habitude!

Ce n'est point monotonie ni paresse, c'est fidélité, c'est besoin de s'attacher, de mieux posséder ce qu'on a et d'approfondir. — Aussi, Princesse, ennuyez-vous un peu là bas, — pas trop, mais un peu, ce n'est pas un mal; personne d'ici ni de nous autres ne vous en blâmera ni ne se permettra de vous en gronder; et après la dette payée au beau ciel, au beau lac et au cœur aussi de cette noble Italie, revenez-nous plus Française, plus Parisienne et plus *Gratianaise* que jamais.

— Quoique j'aie pour habitude de ne guère m'occuper des choses que je ne puis savoir qu'à peu près et où je ne puis rien, cette politique me saisit souvent malgré moi, et j'y rêve ou j'en raisonne. Il me paraît certain que le chef n'est pas fâché qu'on déraisonne en tous sens à ce sujet dans la presse : il a semblé indiquer plus d'une fois, m'a-t-on dit, à ceux qui lui touchent un mot de ces choses, qu'il n'était pas fâché que l'opinion cléricale fût représentée par un journal dans cette question. Il a dit un jour à M. de Persigny, au sujet de la fondation du journal en question et de celui qui le voulait fonder : « Il faut l'accorder; ce sera bientôt un journal clérical,... et puis, *c'est un misérable...* il a besoin d'argent. » C'était le geste et le sens, sinon les mots mêmes; il paraît bien pourtant que le *misérable*, dans le sens de *nécessiteux* sans doute, a été lâché.

La situation de la presse est singulière et ridicule. Le chef gardant un parfait silence qui laisse le champ libre aux conjectures, chacun de ceux qui y ont intérêt essaye de le tâter pour deviner le fin mot, et il y en a même qui ont l'impertinence de croire qu'il n'y a pas de fin mot arrêté et qu'ils pourront, à force de démonstrations et de tapage, en suggérer un. M. de la G. est dans ce cas; il l'a dit à Nisard, qui s'est refusé à ce vilain jeu. Selon M. de la G., le chef n'ayant pas de projet ni de résolution arrêtée, on pourrait agir sur lui et lui insinuer un projet autre que celui qu'on lui suppose: *on lui ferait son opinion!*

D'un autre côté, parmi les ministres, ceux qui désirent la solution que souhaite également la majeure et plus saine partie de la France, ne recevant aucune réponse du maître, essayent quelque chose pour tâter : c'est ainsi que MM. Thouvenel et de Persigny ont suggéré au *Constitutionnel* l'idée du retrait des troupes moyennant garanties... Ce n'était qu'un ballon d'essai : on craignait le lendemain que le chef ne se fâchât et ne trouvât qu'on était allé trop loin. Comme il y a eu silence, on a auguré qu'on n'avait pas fait fausse route.

Mais cela ne peut durer, cela devient pitoyable ; M. de la G. d'un côté, avec son ours qu'il montre en charlatan, et qui dit : *Prenez mon ours!* — de l'autre côté, ces médecins officiels, avec leur pilule qu'ils offrent timidement et qu'ils tâchent de faire avaler comme à un malade... J'ai dit le mot, et j'en frémis aussi de colère. Un grand chef habile, et qui a tant de fois fait preuve de souverain, ne saurait prolonger indéfiniment une situation où il a l'air de douter, de ne pas savoir, d'avoir la volonté malade. Que cela finisse donc! Qu'il y ait un coup de tonnerre qui remettra tout le monde à sa place. La France n'est pas de ces nations qu'on tienne avec le système du bec dans l'eau.

Mme de la R. est une personne qui a besoin d'indulgence. Elle a toujours aspiré sans atteindre ; quand elle a cru tenir, elle n'a pas su garder. Son miroir ne l'a jamais rendue heureuse. La fin toujours assez prompte de ces demi-bonheurs a donné raison à son miroir. Aujourd'hui elle a franchi le pas que les moralistes ont de tout temps dessiné aussi sûrement que des géographes ; elle a renoncé au rouge et pris le parti de la dévotion. Le reste s'ensuit. Que les beaux, les heureux et les raisonnables le lui pardonnent! Mais il est bien vrai qu'une correspondance est difficile sur ce pied-là.

Je vais tâcher de m'éclaircir au sujet de l'Auguste Barbier, qui doit être double. Il y a du Sosie là-dessous.

Je jouis d'avance de la soirée-Augier, et je serai fier, Princesse, d'applaudir sous votre bannière.

J'ai rencontré Girardin : il compte bien aller à Belgirate. Voilà, avec ses ennuis, un heureux. Il fait ce qu'il veut et ce qu'il aime.

Je mets à vos pieds, Princesse, l'expression de mon respectueux attachement;

Et je rends à l'aimable colonie tout ce qu'elle m'envoie de bienveillant.

XII

Ce 19 octobre 1862.

Princesse,

J'ai reçu presque à la fois vos deux aimables lettres. Je serai mercredi exact au rendez-vous, et j'arriverai avec ou avant mon confrère Augier.

Je me fais une fête de cette lecture, et j'espère que nous aurons dans cinq semaines la représentation, et sans *reculade* [1].

J'exécuterai vos ordres, Princesse, en ce qui est de ces deux messieurs : j'en connais un à peine, Forcade, mais dans notre métier nous sommes tous connus les uns des autres. Quant à Vitet, qui est de mes amis et qui est le plus charmant et le plus instruit critique de beaux-arts, c'est, vous le savez, un personnage politique plus engagé qu'il ne devrait l'être, eu égard à ses goûts studieux. Il est avec Duchâtel comme les deux doigts de la main. Il a été le dernier président de la Législative, dans cette matinée qui a suivi la fameuse nuit. Il ressemble, par là seulement, à ce vieux directeur, Gohier, qui disait après le 18 brumaire : « Bonaparte m'a pris la République des mains. » C'est donc forcément un adversaire de situation, et aussi, je le crains, de passion. Si sage et si dans le vrai sur la question romaine Campana, je doute qu'il soit aussi impartial sur l'autre

---

[1]. On joua en effet *le Fils de Giboyer* pour la première fois le 1er décembre 1862.

question romaine catholique et papale; car on le dit *converti* depuis la mort de sa femme. Je compte le voir jeudi à l'Académie, et je lui dirai tout bêtement le désir qui est si fait pour le flatter; ce sera toute ma diplomatie, je lui jetterai ce mot tout aimable de vous à la tête. Il s'en tirera comme il pourra.

Je crois comme vous, Princesse, que ce qu'on a n'est qu'un rapiéçage qui ne pourra durer. La crise, au lieu de faire éclat, fera long feu, voilà tout. Bien des ministres partiront, mais comme de la *poudre* mouillée, peu brillamment.

A mercredi donc, et veuillez agréer, Princesse, l'expression de mon respectueux attachement.

XIII

Ce lundi 10 novembre.

Princesse,

Le temps aussi nous a paru long, croyez-le bien; j'aurai certainement l'honneur de dîner avec vous mercredi.

Daignez agréer, Princesse, l'expression de mon respectueux dévouement.

XIV

Ce 12 novembre.

Voici, Princesse, cette brochure qui contient le récit complet du banquet de Bruxelles[1]. Faites-vous-la lire ; ne vous rebutez pas de quelques emphases et expressions ridicules : pour moi, je suis frappé de cette démonstration d'un Coblentz menaçant et triomphant. On ne se doute pas de cela à Compiègne, dans cette atmosphère isolée et dorée. Eh bien, la jeunesse qui lit ces choses, et qu'on n'a pas pris soin de rallier, s'en enflamme ; elle accepte tous ces grands mots à moitié vides, mais si sonores ; des hommes graves s'y prêtent et y ajoutent de l'autorité. Sont-ce donc là nos envahisseurs de demain, nos prochains émigrés rentrants ? Tel est ridicule aujourd'hui qui ne l'est pas demain. Vous m'allez trouver bien noir et bien pessimiste ; mais, Prin-

[1]. Le banquet en l'honneur des *Misérables*.

cesse, je suis de ceux qui regardent tous les matins la couleur du temps.

Daignez agréer, Princesse, l'expression de mes respects et de mon dévouement.

XV

Ce 18 novembre.

Princesse,

J'aurai l'honneur de me rendre mercredi à votre aimable invitation.

Vous aurez lu ce matin M. de Barante sur la duchesse de Sagan[1]. C'est de la littérature de vieillard, c'est bien éteint. Il ne dit pas trop le contraire de la vérité; il ne parle pas trop de ses vertus. Pourtant, si j'avais été diable, — et beau diable, — j'aimerais à être peint autrement.

Veuillez agréer, Princesse, l'expression de mes plus respectueux et dévoués sentiments.

1. Voir le *Journal des Débats* du 18 novembre 1862. L'article est intitulé : Mme *la duchesse de Talleyrand et de Sagan.*

XVI

Ce 22.

Princesse,

Je transmets votre invitation à M. Forcade, et dès la réponse reçue j'aurai l'honneur de vous en informer; elle ne me paraît pas douteuse.

Vous a-t-on fait voir, dans le dernier *Figaro*, la lettre de Lamartine sur l'incident *Nadaud?* c'est à lire. J'y ai vu, du moins, que cet aimable chansonnier n'avait pas menti en se disant invité par Votre Altesse, puisque le fait remonte à deux ans ; et c'est toujours mieux qu'un homme de talent ne mente pas. — Vous ne me trouverez pas puéril.

Daignez agréer, Princesse, l'expression de mon respectueux dévouement.

XVII

Ce 27 novembre.

Princesse,

Il n'est que trop exact (je l'apprends à l'instant), que les Cornu ne s'arrêtent pas en si beau chemin : ils font circuler dans les ateliers une pétition contre le directeur des musées. Il ne faut jamais se fier à la vérité et au droit. Le mieux ne serait-il pas de prendre les devants? Tout le mal vient de l'incroyable apathie et du silence de là-haut. Hier encore, une note que j'avais remise au *Constitutionnel* n'a pu passer, parce que, dit-on, « l'empereur ne s'est pas encore prononcé sur cette question. » — L'opinion peut être encore une fois retournée par cette nouvelle levée de boucliers qu'ils organisent à la frontière et ici au cœur des ateliers : il y a mot d'ordre, et tous s'entendent comme larrons en foire. Les timides suivent, et c'est le grand nombre.

Que faire? mettre le pied sur la mèche, — et faire que le sphinx parle enfin ; car, en toute chose, ce silence donne beau jeu aux intrigants.

Excusez-moi, Princesse, et daignez agréer l'expression de mon respectueux attachement.

XVIII

Ce 28.

Princesse,

Je vous remercie des nouvelles, qui m'intéressent fort. Il est toujours si pénible à ceux qui aiment un ordre de choses et ceux qui y président, de voir des fautes par manque d'attention ou d'entente. Je parle même ici indépendamment de l'amitié qu'on a pour les personnes engagées. Il est très-bon de foncer sur l'ennemi : c'est la bonne méthode et bien française, cela le déconcerte et coupe court à tout.

— Je vous remercie, Princesse, de la surprise aimable d'hier ; mais la maison a été désolée de ne pouvoir, dans ce court instant, improviser un bouquet à vous offrir. Voilà le regret de mon intérieur : daignez agréer l'excuse et l'intention ;

Et recevoir, Princesse, l'expression de mon respectueux attachement.

Je suis dans *Salammbô* jusqu'au cou. Ouf!

XIX

Ce 19 décembre 1862.

Princesse,

J'ai reçu ces pommes d'or, ces mandarines dont je n'avais jamais mangé, les prenant pour autre chose. Mon ignorance n'a d'égale que vos bontés.

Je me suis aperçu, en y repensant, que j'avais été bien vif, en effet, l'autre soir, en parlant de ce ministre si honnête homme et excellent homme. Permettez-moi de vous dire une excuse que ma vivacité même m'a fait oublier dans le moment : je m'étais fait un idéal de l'empire ; j'aurais voulu que l'empereur fît chaque jour quelque chose d'imprévu, de neuf et de bien. C'était mon programme. Toutes les fois qu'il n'est pas tenu et rempli, je souffre comme un auteur dont les acteurs écorcheraient la pièce et gâteraient les rôles.

Veuillez agréer, Princesse, l'expression de mon respect et de mon dévouement.

XX

Ce 20 décembre.

Princesse,

Tout cela me paraît, en effet, assez insensé ; mais on n'a plus la mesure, rien n'avertit qu'on exagère, et l'on s'en donne à cœur joie. Quand on a de l'esprit, on en a comme Voltaire ; quand on a du génie, on en a comme Shakespeare ; pas à moins. Les gens sensés paraissent bien fades après ces orgies d'éloges. Oh ! qu'il est terrible de vivre et d'écrire entre tous ces amours-propres qui croient ensuite qu'on leur en veut et qu'on leur manque dès qu'on ne tombe pas à leurs genoux !

Veuillez agréer, Princesse, vous qui vous laissez contrarier et contredire, l'expression de mes sentiments de haute estime et de respectueux dévouement.

P.-S. J'ai vu ce matin un homme bien heureux, M. Chesneau, qui vous doit tant et à qui vous permettrez un jour d'avoir l'honneur de vous remercier.

XXI

Ce 22.

Princesse,

A jeudi certainement, j'aurai l'honneur de me rendre à votre aimable invitation.

Voulez-vous voir l'incertitude des jugements en littérature et sur quelle mer flottante nous voguons sans pôle ni boussole, lisez — ou jetez seulement les yeux sur la conclusion de l'article Théophile Gautier, au *Moniteur* d'aujourd'hui[1].

Je pense que c'est tout le contraire du vrai; et pourtant, quand je vois des gens qui ont vu l'Orient et qui se connaissent en fait de peinture juger ainsi au rebours de tout le monde, je me demande lequel a raison, lequel de nous ou d'eux a la *berlue*. — Matière à des disputes sans fin.

Daignez agréer, Princesse, l'expression de mon respectueux dévouement.

1. Article sur *Salammbô*.

XXII

Ce 31 décembre 1862.

Quel joli cadeau, Princesse, que de bontés, et comment vous remercier de tant d'attentions aussi indulgentes qu'utiles! L'écritoire-pendule est sur ma grande table et devant moi : elle m'avertira de l'heure à laquelle Votre Altesse a bien voulu honorer cette chambrette d'étude de sa présence. Les livres s'écarteront un peu et ne masqueront point mon petit monument de leur échafaudage. Mais je ne puis me retourner sans y voir un autre don, une image, — ni trop marcher dans mon petit *chez moi*, ni même m'y asseoir un peu doucement, sans m'apercevoir que j'ai affaire de tous côtés à des objets, — souvenirs de bonne grâce et d'ingénieuse indulgence. Que je voudrais savoir quelque chose qui vous plût un peu ! Je serai obligé de deviner. — Je voulais me donner, tous ces soirs, l'honneur de vous aller saluer ; mais des douleurs aux bras, une *quasi-goutte* m'a retenu. Je me dédommage ce soir.

Daignez agréer, Princesse, avec l'expression de ma vive gratitude, celle de mon profond et respectueux attachement.

XXIII

Ce 1er janvier (1863).

Ah ! c'est trop fort, je m'insurge, Princesse ; mais c'est ce qu'on appelle ne pas jouer franc jeu, c'est tricher. Quoi ! sans me le dire ! Pendant que suis là à causer innocemment, pendant que je suis en train de vous remercier ! Ce n'est que de maintenant que je commence à vous connaître tout entière.

Mais sincèrement, je suis touché comme je le dois, et, après m'être insurgé, je me soumets et je m'enveloppe de la belle et bonne couverture, non sans en avoir admiré le travail. Je vais dormir et rêver *couleur de pensée.*

Veuillez agréer, Princesse, l'expression de tous mes vœux et souhaits pour le bonheur et l'agrément d'une vie qui sait les répandre sur tout ce qui l'entoure.

XXIV

Ce dimanche 4 janvier.

Princesse,

Au moment de renfermer le petit volume[1] ci-joint dans mon armoire à livres, il me vient à la pensée que peut-être vous ne le liriez pas sans intérêt ; il n'est pas publié et n'est tiré qu'à peu d'exemplaires. Ne me dites pas engoué, n'est-ce pas ? je vous en prie. Il y a dans le ton peut-être quelques notes qui ne vous iront pas ; mais je serais surpris si vous ne trouviez aussi d'autres accents qui vous frapperont par leur pénétration et leur intimité tendre et à la fois élevée.

J'ai été retenu tous ces jours, plus que je ne l'aurais voulu, par ma tâche et aussi des engourdissements à la main : les heures que je lisais à la *pendule* m'ont paru longues ; je veux du moins, avant d'avoir l'honneur de vous aller

---

1. Il s'agissait d'un opuscule « d'un caractère exclusivement privé et nullement fait pour un public quelconque », — *Henriette Renan, Souvenir pour ceux qui l'ont connue*. Paris, septembre 1862. Tiré à cent exemplaires.

saluer demain soir, vous envoyer comme excuse cette lecture.

Daignez agréer, Princesse, l'expression de mon respectueux attachement.

Mes doigts se refusent à écrire plus lisiblement; je crois que je deviens goutteux.

P.-S. — Je laisse dans le volume une lettre d'envoi qui y était déjà attachée, pour moi seul.

XXV

Ce 12 janvier, lundi.

Princesse,

Quoi! encore? Maintenant vous gâtez les miens, mes bonnes petites gens. Ils sont trop heureux et reconnaissants de ces beaux présents pour que je ne me joigne pas à eux : Marie, qui n'a pas eu l'honneur de vous voir hier, a hâte de vous remercier. J'étais allé à ma boutique corriger mes épreuves. Mais oui, certainement, j'y serai aujourd'hui et demain mardi, et mercredi j'y serai encore, et puis samedi.

Et demain, Princesse, je compte aller à la grande réception !

Daignez agréer l'expression de mes sentiments de respect et d'attachement.

Allons ! le bon archevêque est nommé[1]. Tout ne va pas nécessairement au plus mal.

XXVI

Ce vendredi.

Princesse,

Je vous remercie de tant de bonté et de vous être ressouvenue d'un désir exprimé naïvement et tout haut. J'avais un avant-goût de cette fin.

J'ai hier vu à l'Académie Mérimée qui racontait devant moi à M. Lebrun qu'il avait dîné à Saint-Cloud mardi, qu'il avait été chargé par l'imp... de dire à M. Fould de ne prendre aucun

---

1. M. Darboy, promu à l'archevêché de Paris le 10 janvier 1863. — L'épithète de *bon*, en cette circonstance, n'a pas besoin de commentaires. Par tout ce qui vient d'être dit précédemment au sujet de la question romaine, on s'explique assez cette exclamation de joie et de félicitation.

parti sans l'avoir entendue ; et la suite, etc.
— Je demeure comme vous, Princesse, attristé ; car je suis, bien qu'un des plus humbles rameurs, dans la barque et dans le vaisseau de César, et j'aime que le pavillon soit très-haut.

J'aurai l'honneur d'aller vous remercier, Princesse, dès que ma besogne m'en laissera le loisir.

Daignez agréer, Princesse, avec mes remerciements, l'expression de mon très-respectueux attachement.

XXVII

Ce 27 janvier, mardi.

Princesse,

Cela a donc été bien vif et bien amusant ! Il me semble que tout le monde est dans son caractère et dans ses tons. Renan parle à merveille, mais je ne le trouve point un si grand *charmeur* d'âmes, à moins que vous ne m'assuriez du contraire : il s'adresse plutôt à l'esprit, à l'intelligence, et nous frappe par le talent : ce qui persuade et qui enchante ne me paraît pas appartenir à sa nature, restée un peu hautaine, dédaigneuse et qui a gardé des plis du sacerdoce. Quant à Caro, c'est un aimable garçon, beau parleur, doué d'élégance, de facilité, d'aménité; ses opinions morales et religieuses me semblent d'accord avec son éducation philosophique, ses idées à la Cousin, et sa nature qui aime mieux plaire et se dérouler qu'enfoncer et pénétrer. Quand on s'exprime si aisément et avec autant de rondeur, on n'a pas besoin de creuser, et n'en ayant pas besoin, on s'en abstient volontiers : témoin Berryer et ces natures oratoires à la bouche ronde et harmonieuse. Il est donc sincère (sauf quelques complaisances), il obéit à sa pente. Nous y obéissons tous, plus ou moins. Avez-vous lu, Princesse, la lettre de Mme Sand dans *la Presse* sur *Salammbô?* Comme tout cela se tient! Comme il est naturel que Mme Sand pense ainsi! elle aime, dit-elle, tout ce qui est une *tentative*. Lélia aimait avant tout à chercher, dût-elle ne jamais trouver. — Berlioz de même admire

Salammbô, c'est juste : c'est le thème de sa musique, toute née du cerveau. — Une autre grande et très-grande dame admire *Salammbô* et s'en préoccupe : n'est-ce pas juste? n'est-ce pas naturel? n'est-ce pas d'accord avec les recherches de modes et d'invention ultra-française dont sa jolie cervelle est parfois entichée? Ainsi de chacun : votre bon et droit sens, Princesse, a résisté ; ma timidité et ma modération m'ont rendu le même service.

De même pour les opinions religieuses : Renan est d'un autre ordre, selon moi, que Caro ; mais celui-ci est bien d'accord avec lui-même au total, et il aime naturellement à se tenir dans la région un peu vague où son talent et son beau dire trouvent leur compte et où d'ailleurs les universitaires qui veulent remplir toute leur carrière sans encombre et sans naufrage habitent volontiers.

Mais cela est amusant comme vous le dites, Princesse, et c'est une charmante et noble disposition que de savoir en effet s'amuser à tout cela, quand on y joint la bienveillance et l'intelligence qui animent tout.

Laissez-moi vous remercier, Princesse, de votre aimable confiance, et agréez l'expression de mon respectueux attachement.

XXVIII

Ce 30, jeudi.

Princesse,

Je tiens à ne pas perdre mon office de secrétaire surnuméraire de vos commandements. M. Vitet n'est pas encore de retour à Paris; ou du moins il n'a pas paru à l'Académie.

— Voici, en attendant, la réponse de M. Forcade, lequel est, comme cela devait être, aux ordres de Votre Altesse impériale.

J'aurai bientôt, Princesse, l'honneur d'aller vous saluer, mais ceci n'est que pour l'exécution de ce dont vous aviez daigné me charger.

Veuillez agréer, Princesse, l'expression de mon respectueux dévouement.

XXIX

Ce 31.

Princesse,

J'aurai l'honneur de dîner demain avec vous. Je préviendrai M. Forcade ; mais dans tous les cas je ne manquerai pas ma soirée.

Veuillez agréer, Princesse, l'expression de mon respectueux dévouement.

XXX

Ce lundi, 2 février

Princesse,

Vous êtes bien indulgente, comme vous l'êtes toujours avec moi. J'en suis touché. Je me conduis, me dis-je à moi-même, avec bien de la négligence, ou plutôt je semble en avoir et je n'en ai pas. Le fait est que je suis en retard depuis ma Boufflers [1], et obligé de forcer la

---

1. Allusion aux articles sur *La Comtesse de Boufflers* (*Nouveaux Lundis*, tom IV).

marche et de doubler le pas sur de nouveaux sujets sur lesquels je n'étais pas prêt. Ce n'est donc que jeudi en effet que je pourrai me donner l'honneur et le plaisir de vous voir, et de dîner comme un abonné tout uniment de votre table. D'ici là je vais *piocher* pour me remettre au courant et me rendre digne d'être lu de vous comme par le passé.

Je viens de voir M. Camille Rousset, que j'avais prévenu de votre gracieuse et puissante intervention en sa faveur. Il a voulu attendre pour se donner l'honneur de remercier par lettre Votre Altesse impériale d'avoir vu M. Rouland. C'est aujourd'hui qu'il a dû avoir audience du ministre; il ne m'a pas dit encore comment et dans quelles conditions la faveur accordée aura été réglée [1]. — Moi aussi, je me permets de dire *à jeudi* — et agréez, Princesse, l'expression de mon respectueux dévouement et attachement.

---

[1]. Il s'agissait de faire obtenir au savant archiviste du dépôt de la guerre, qui était encore en ce temps-là professeur au lycée Bonaparte, un congé dont il avait absolument besoin pour terminer ses belles études sur *Louvois*.

XXXI

Ce mardi 17

Oui, Princesse, je sais toute votre bonté et votre indulgence, et je me permets toutes mes licences sans aucun remords. Je voulais l'autre soir vous dire un mot de l'affaire de M. Camille Rousset à laquelle vous avez tout lieu de croire qu'il n'y a plus à mettre la main puisque vous y avez touché. Et cependant je crois que vous aurez besoin encore de lever votre petit doigt. Je ne sais où en sont les choses aujourd'hui 17, mais voici en quel état elles étaient le 12, si vous voulez bien en juger par le mot que je recevais de M. Rousset au sortir de son audience avec le fils du ministre. — Ce que M. Rousset ne dit pas dans cette lettre, mais ce dont il m'a plusieurs fois exprimé le désir, c'est le besoin qu'il a de remercier Votre Altesse impériale de son intervention bienveillante. Je lui avais dit d'abord : *attendez!* croyant que la solution ne serait que de peu de jours, et qu'il aurait alors

à remercier de tout; et le voilà, bien malgré lui,
en retard. — J'en saurai plus mercredi sur lui.

Daignez agréer, Princesse, l'expression de
mon entier et respectueux dévouement.

XXXII

Ce lundi, 9 mars.

Princesse,

Je ne saurais me pardonner de publier des
livres sans me donner l'honneur de vous les
offrir, et cependant je voudrais bien éviter de le
faire. Si vous vouliez bien me dire un *merci*
tout court et ne pas m'en parler autrement,
Votre Altesse me ferait bien plaisir : il y a tant
de choses, surtout dans ces livres de vers si
anciens, *qui ne sont plus moi*, que je suis toujours
embarrassé quand j'ai à répondre là-dessus [1].
Veuillez donc, Princesse, y voir seulement une
carte de visite respectueuse. — J'ai été souffrant

1. M. Sainte-Beuve venait de publier l'édition complète de
ses Poésies en deux volumes (chez Michel Lévy).

ces jours-ci et privé de l'honneur de vous voir, — ce qui est la bonne et seule vive manière de se communiquer les pensées de prime-saut et coûte que coûte. — J'ai rencontré hier M. Patin, qui était de la présentation aux Tuileries du prince Albert de Broglie. L'empereur a été parfait de bon goût et de politesse : charmé de voir l'Académie se recruter d'hommes distingués, rappelant au fils la visite du père en pareil cas, il y a quelques années; lui rappelant aussi qu'autrefois en Espagne l'impératrice l'avait vu (chez la comtesse de Montijo probablement) : enfin causant avec M. Villemain des travaux qui se font à l'Institut. Pas un mot de mécontentement, ni rien de piquant. Heureux les forts ! ils peuvent être doux !

Je mets à vos pieds, Princesse, mes hommages de respectueux dévouement.

XXXIII

Ce 10 mars.

« Tout pour ceux que l'on aime : rien pour ceux qui ne vous aiment pas ! »

Savez-vous, Princesse, qu'il ne se peut de plus belle devise? moi, qui passe ma vie à recueillir de belles paroles et de belles pensées et à en faire des bouquets, je m'empare de celle-là et je l'inscris. — Je suis tenté de l'inscrire au bas d'un portrait.

A mercredi donc, Princesse, puisque vous êtes l'indulgence même : je ne sais reconnaître vos bontés qu'en les acceptant.

Je suis, Princesse, votre dévoué et respectueux serviteur.

XXXIV

Ce mardi.

Princesse,

Je reconnais là tous les avantages du cœur et de la *non*-impartialité. Je me hâte de faire part à M. Rousset de votre bon appel. Je ne sais si je l'atteindrai à temps, car il habite à Alfort et ne vient à Paris qu'à de certains jours : mais ma lettre va courir après lui.

Et moi je suis avec mille hommages à vos pieds, Princesse.

XXXV

Ce 14 mars.

Je n'ai pu empêcher ma petite maison de deviner que c'était votre fête; et elle est si reconnaissante et si honorée de vos bontés, qu'elle a devancé l'heure où on vous la fête en mai. Excusez-la et agréez un élan du cœur qui ne savait pas être reconnu.

J'espère avoir l'honneur de vous saluer ce soir. — Je mets à vos pieds, Princesse, mes hommages et mes tendres respects.

XXXVI

Ce 19 mars.

J'écoute et ne dirai rien, Princesse; hier l'indignation vous a donné d'éloquentes paroles, pardonnez ce témoignage tout littéraire à travers une passion qui chez vous est si vraie.

Hélas! l'expérience et l'étude nous ont forcé à

admettre bien des combinaisons qui ne sont pas toujours telles qu'on le souhaite et qu'on le rêve. Mirabeau n'était pas une vierge ; était-il un honnête homme dans le sens le plus général et le plus extensible du mot ? On n'oserait le soutenir. Et cependant l'intelligence et le talent ont éclaté dans sa personne.

Croyez, Princesse, que tout ce que vous voudrez bien laisser déborder de mon côté sera reçu et compris comme il doit l'être.

Vous voulez bien me demander de mes nouvelles; je me sens un peu en train de me détraquer. Je vais y pourvoir en me ménageant. — J'ai écrit tout à l'heure à M. Taine pour le prévenir de votre flatteuse attention et de votre invitation pour mercredi.

Agréez, Princesse, l'expression de mon profond et respectueux attachement.

Mignet a été des plus sensibles à votre souvenir : il a retrouvé à l'instant le charmant sourire de ses belles années et tout son visage s'est éclairé d'amabilité et de bienveillance.

XXXVII

Ce mercredi.

Princesse,

Je n'avais pas oublié votre bonté habituelle du mercredi, et j'y allais sans rappel : voilà pourtant comme vous m'avez fait.

Je savais bien que M. *** était ici, mais je ne savais pas que madame y fût. Hélas ! parlons-en peu !

Je vous prie d'agréer, Princesse, les expressions de mon plus respectueux attachement.

XXXVIII

Ce lundi.

Mercredi, *à une heure,* je serai chez vous, Princesse, heureux d'une journée qui commencera si bien.

Je connais M. Fromentin pour ses paysages sous les deux formes, et je le trouve bien distingué en effet : c'est un romancier aussi délicat que d'autres le sont peu, et il est vrai en même temps.

Agréez, Princesse, l'expression de mon respectueux dévouement.

XXXIX

Ce 2 avril.

Princesse,

Je vous dois compte de la suite d'une affaire dans laquelle le nom de Votre Altesse s'est trouvé mêlé et a pesé de tout son poids : c'est au sujet de cette lettre que j'ai écrite au nouveau ministre de l'instruction publique pour lui déclarer ma situation et ma disposition d'esprit sur la chaire du Collége de France que je ne remplis pas[1]. J'avais fait vraiment ce que je devais, avec un peu de précipitation, voilà tout. M. Giraud, excellent et chaud ami (et il me l'a bien prouvé en cela), a

1. M. Sainte-Beuve voulait absolument régulariser sa situation, c'est-à-dire que, n'ayant jamais occupé la chaire, il n'en voulait plus rester même le titulaire fictif ; — et il avait (est-il besoin de l'ajouter ?), dès les premiers jours, renoncé aux émoluments.

bondi en apprenant mercredi cette nouvelle, et il a absolument voulu prendre sur lui d'aller le lendemain trouver le ministre pour le prier de considérer la lettre comme non avenue, ainsi que la réponse, et de laisser le *statu quo*. Il y a mis tout le feu qu'il met aux choses qu'il aime et un zèle d'ami qui n'écoute que son inspiration. C'est à cette occasion que l'opinion que vous avez l'autre jour exprimée, Princesse, a été mise en avant et que vous êtes devenue une autorité en ma faveur et à l'appui de la démarche de M. Giraud. J'ai hier dîné chez M. Boittelle avec M. Duruy, et je lui ai expliqué comment je croyais que tout était bien, moi ayant fait ce que je croyais devoir faire, et lui en voulant bien faire de son côté ce qu'il devait et plus qu'il ne devait. Il a été très-amical. Ce n'est donc pas tout à fait un coup de tête que j'avais fait. Si cette ennuyeuse affaire en valait la peine, j'aurais l'honneur de vous porter et de vous lire, mercredi, la lettre par laquelle j'avais exposé l'état de choses relatif à cette chaire, qu'il ne savait en effet qu'imparfaitement.

Mais ce que je tenais surtout à vous dire,

Princesse, c'est que votre nom prononcé en ma faveur a été, comme il sera toujours, non-seulement un honneur, mais un talisman.

Veuillez agréer, Princesse, l'expression de mon respectueux attachement.

XL

Ce 2 avril.

Princesse, Princesse, permettez-moi un petit mot d'explication, de rectification, que j'ai été un peu bête de ne pas donner de vive voix. Jamais je n'ai voulu dire qu'il me fût désagréable qu'on me parlât, — surtout vous, Princesse, — de ce qui fait mon occupation habituelle et mon sujet de métier de chaque semaine. Je ne suis pas à ce point *violette* ni *sensitive*, et je ne me permettrais pas, dussé-je en être quelquefois un peu embarrassé, de couper court ainsi à une veine toute naturelle de conversation. C'était, en ayant l'honneur de vous envoyer d'anciens volumes, réimprimés depuis peu, de *Poésies* où il y a toutes sortes de choses, confidences, effusions, lamentations, cris du cœur — du cœur d'autrefois, — que je me risquais à vous prier, en voulant bien les recevoir, de ne m'en point parler. C'était de ces anciennes *Poésies* intimes seulement qu'il s'agissait dans ma pensée. La prose est plus robuste et supporte la discussion, la poignée de main et même un léger coup de poing. Voilà mes *principes* en telle matière. — Soyez assez bonne pour m'excuser de ne vous avoir dit de vive voix, depuis l'autre mercredi, ce que je vous explique ici. Je ne savais comment débrouiller le quiproquo dont j'étais cause.

Ne me répondez pas, Princesse; et sachez bien que tout de votre part sera pris par moi comme marque de bonté et d'indulgence; vous m'avez appris à y compter, et vous daignez compter aussi sur mon respectueux et bien reconnaissant attachement.

XLI

Ce 6 avril.

Princesse,

Jeudi, je serai à vos ordres avec bien du plaisir. J'ai vu samedi chez lui Gavarni, il était encore souffrant et pouvant peu parler. Il me semble que je prends un peu de son mal, — plus bas et dans les bronches. Je me sens très-souffrant, et je vais suspendre après lundi en huit pour un mois mon travail, afin de me recueillir un peu.

Agréez, Princesse, l'expression de mon respectueux attachement.

XLII

Ce 21.

Princesse,

Voilà la dénonciation que cet honnête homme d'évêque d'Orléans [1] vient de lancer contre nos

---

1. M. Dupanloup a tellement écrit de lettres, qu'on ne sait plus à laquelle M. Sainte-Beuve faisait allusion dans le billet suivant, sans date précise :

« Ce 21 août.

» Voici, Princesse, cette lettre politique du pétulant évêque. Je crois cette fois que vous pouvez user du précepte : *Mettez-vous en colère et ne péchez pas.* — Ce n'est pas pécher que de se sentir irrité contre ces intrusions du pasteur dans la politique la plus journalière. —

» Daignez agréer, Princesse, l'expression de mes sentiments les plus respectueux et dévoués. »

amis Renan et Taine, et surtout contre M. Littré à la veille de l'élection académique : qu'il combatte ailleurs et sous d'autres formes, mais la dénonciation ainsi faite est une manœuvre odieuse.

Au reste, il y a de jolies citations, et cela vous amusera à parcourir, en même temps que vous serez indignée, Princesse. Je compte que quelques-unes de ces citations tourneront contre l'évêque, au moins en ce qui est de Renan et de Taine. Quant à Littré, il est hérissé et farouche.

Je ne vous parle pas de votre santé, Princesse; vous savez nos vœux, notre ennui; je fais mon carême.

Daignez agréer l'expression de mon respectueux dévouement.

XLIII

Ce samedi, 9 mai.

Princesse,

Me pardonnez-vous de venir vous faire une question un peu singulière? Je sais que j'ai l'honneur de dîner avec Votre Altesse impériale chez M. de Girardin, et que c'est samedi? mais est-ce que c'est aujourd'hui samedi ou dans huit jours? Je tiens à ne pas manquer mon plaisir.

M. Giraud m'avait assigné pour ce soir un petit rendez-vous rue de Courcelles pour consultation littéraire où il s'agit d'une offrande à vous, Princesse.

Vous m'avez un peu étonné l'autre jour, vous le dirai-je? avec le nom de L...-P... Ils peuvent avoir des qualités et ils en ont, j'aime à le croire; mais ce sont des hommes de parti, ils écrivent sous le *pseudonyme* dans des journaux violents et ennemis, ils *insultent* en croyant peut-être bien faire : tels sont les X., les Y., les Z., et ils n'ont pas les qualités civiles. On ne peut vivre avec eux; car ils ont mordu ou mordront. Oh! les ennemis comme Vitet, comme Thiers, comme... oh! ceux-ci sont d'honnêtes gens et d'aimables gens.

Pardonnez-moi mon bavardage, Princesse, et agréez l'expression de mon respectueux dévouement.

XLIV

Ce 20 mai, mercredi matin.

Princesse,

Permettez-moi, avant que j'aie l'honneur de vous voir ce soir, de vous dire avec la plume ce qu'il est ennuyeux de dire en paroles, mon excuse de n'avoir pas profité de cette agréable occasion de lundi : c'est tout simplement que j'ai été ce jour-là sur mon canapé, souffrant toute la journée, et au-dessous de zéro le soir. Voilà comme je désire, Princesse, que vous vouliez bien expliquer mes irrégularités et inégalités trop fréquentes; c'est la force qui me trahit, mais n'en accusez jamais ni la pensée ni le cœur. — Ceci dit, je suis plus à l'aise pour vous aborder d'un air tout riant ce soir et pour répondre à cette bonne grâce prévenante; et je vous prie, Princesse, d'agréer l'expression de mon respectueux attachement.

XLV

Ce jeudi.

Princesse,

Me permettez-vous un petit supplément de conversation? Il est bien exact, n'est-ce pas? qu'un soir, chez l'impératrice, Horace Vernet s'amusa à faire avec de la *cire* un *casque*, et que l'empereur trouvant le modèle à son gré, le fit adopter pour une partie de la cavalerie? — Il me semble bien avoir retenu exactement le récit que vous avez bien voulu me faire [1].

M. Giraud m'a, hier, emmené pour me montrer la *Préface* dans sa dernière forme : aucune indication, rien qui puisse désigner la personne à laquelle il adresse sa dissertation critique; une dernière phrase seulement, dans laquelle il revient sur l'éloge, pourrait donner à penser et piquer le

---

1. M. Sainte-Beuve travaillait en ce moment-là à ses articles sur *Horace Vernet* (*Nouveaux Lundis,* tome V), et l'on a là, dans ce *supplément de conversation* qu'il demande, une marque de ce besoin d'exactitude qui le poursuivait partout et le préoccupait sans cesse.

lecteur de l'envie de deviner : mais il m'a semblé, encore une fois, qu'il n'y avait nul inconvénient possible. Vous pourriez, Princesse, si vous aviez doute, lui demander de vous envoyer les pages mêmes; je ne crois pourtant pas la chose nécessaire.

J'ai repensé à l'idée Magny; elle est charmante. Et pourtant... Il y a un de nos amis qui manquait hier au dîner et qui aura là-dessus un avis juste, ce me semble.

Daignez agréer, Princesse, l'expression de mon respectueux attachement.

XLVI

Ce 31 mai.

Princesse, — merci.

Voilà la couronne de mes mercredis. — J'écris à Girardin pour qu'il ne manque pas. — J'espère que l'ami malade ne le sera plus ce jour-là. J'irai au premier matin, Princesse, vous remercier de toutes vos bontés, avant l'heure de votre sortie.

Agréez, je vous prie, l'expression de mon respectueux attachement.

XLVII

Ce samedi.

Princesse, Princesse !

C'est moi qui viens vous rappeler ce que je n'aurais jamais osé articuler de moi-même, ce que Girardin a risqué et qui a amené cette aimable et gracieuse promesse !

Comme je n'ai rien à offrir que le bon cœur et un cabinet particulier dans ma guinguette, il faut, pour vous, que ce soit un jour perdu, un reste de journée superflu, quelque chose qui n'empêche rien et ne contrarie rien !

Cet *entre-deux* du départ pour Saint-Gratien, est peut-être le moment. A vous, Princesse, de décider. J'oserais vous prier, si vous fixez un jour, de faire vous-même les invitations auprès de vous. Je compte prévenir Girardin, auteur premier du délit : vous, Princesse, et deux personnes que vous voudriez choisir et amener, voilà ce qui, en m'ajoutant, fera le nombre *cinq*, qui ne saurait se dépasser sans danger et sans étouffement.

Je crains de ne pouvoir, ce soir, aller chercher une réponse : que ce soit avant, que ce soit pendant Saint-Gratien, que ce jour de grâce et de faveur arrive, et la petite maison bondira comme un agneau ! — Je suis tout à vous, Princesse, avec respect et reconnaissance.

XLVIII

Ce 6 juin.

Princesse,

C'était à moi d'aller vous remercier et je l'eusse déjà fait si je n'avais été repris par ma roue mécanique périodique. Je ne parle pas de l'honneur, je ne veux parler que du plaisir et de la joie que vous avez apportés par votre bonne, votre gracieuse et charmante présence. Le parfum reste, le souvenir vit et vivra. — Celui du 3 juillet dernier vit toujours.

Certainement j'irai mercredi à Saint-Gratien,

je voudrais bien, avant, y faire une petite visite du matin. — Oh! il est attrayant et séduisant le projet! mais l'heureux Girardin ne sait pas combien le travail est une peine. Occupé toujours d'intérêts présents, de sujets qui s'offrent et vivent d'eux-mêmes, il ne sait pas ce qu'il faut d'isolement et de maussaderie solitaire pour ranimer des sujets morts ou refroidis. Il y a une partie obscure et pénible de ma vie que j'aime à ensevelir. Le paradis terrestre ne va pas avec le travail auquel fut condamné Adam. Ce que je conçois dans cette vie heureuse, dans ce cadre riant, c'est un demi-travail, ce que les oisifs appellent un travail tout entier, une occupation des matins qui ne fait qu'amuser l'esprit et l'entretenir. J'ai par malheur prélevé mon mois de vacances; il faudra une autre année que je le ménage... — Mais voilà, Princesse, que je me perds en raisonnements et que je me permets tout haut un de ces petits dialogues que je n'engage d'ordinaire qu'avec moi-même et qui font dire quelquefois aux personnes de la maison : *Tiens! monsieur parle tout seul!*

Agréez, Princesse, l'expression de ma profonde gratitude et de mon respectueux attachement.

XLIX

Ce 16 juin, mardi.

Princesse,

Voilà le premier échec de mon année. Je suis pris depuis avant-hier soir par les reins et les entrailles de manière à ne pouvoir bouger ; et je crains que demain, même en allant mieux, je ne sois hors d'état de faire mon pèlerinage à Notre-Dame de Saint-Gratien. Ce mercredi était pourtant et il est plus que jamais sacré pour moi. Il me faut le remettre. J'implore indulgence, et j'irai, dès que je serai debout, et dès cette semaine, s'il se peut, m'assurer que j'ai mon pardon.

On parle ici de modifications dans le ministère : si c'est une régénération et un véritable rajeunissement, tant mieux ! —

Agréez, Princesse, l'expression de mon respectueux attachement.

L

Ce 18 juin, jeudi.

Princesse,

J'ai reçu votre bonne lettre. J'avais vu le petit bijou *Daphnis et Chloé*; ce sont des jeux de petits amours ; il faut passer aux érudits d'aimer ces choses à la folie, ils ont à dévorer dans leur métier tant de choses ennuyeuses !

Le rapport est très-bien fait et fera un bon effet ; mais en France on est si naturellement pour l'opposition ! La liste civile, fi donc ! De là, même dans les analyses qu'on en fait, peu de bon vouloir et de l'infidélité. Les choses pourtant finissent par parler et prévaloir, lorsque les hommes durent. Il faut user ses ennemis.

Je viens de recevoir de M. de Falloux une singulière lettre; il se ravise, il a lu l'anecdote *Breguet*, il n'en veut pas. Je joins ici copie de cette partie de sa lettre. S'il y a moyen d'avoir une réitération de témoignage, j'en serai charmé; car nous sommes d'honnêtes gens, et nous ne voulons que la vérité. Je me contenterai de lui dire que la déclaration du valet de chambre ne signifie rien, et que la mortification chrétienne, la pénitence du bon général a pu échapper à ce valet de chambre : il suffit qu'une personne d'intelligence l'ait remarquée. Oh ! que la vérité donne de mal à trouver, et qu'elle rencontre de difficultés en chemin !

Je me remets un peu à sortir. Après mon gros travail de vendredi, je compte bien me dédommager de ma privation, et aller saluer Notre-Dame de Saint-Gratien.

Daignez agréer, Princesse, l'expression de mon respectueux attachement.

La guerre intestine a recommencé au *Constitutionnel* entre la propriété, la gérance et l'administrateur politique. La rédaction politique et littéraire est assise sur un procès en permanence. Nouvel exemple de l'habileté et de l'adresse qui président à toutes choses grandes et petites !

Voici l'extrait de la lettre de M. de Falloux :

« Monsieur et cher confrère,

» Je viens de relire dans les *Nouveaux Lundis* [1] les deux articles consacrés à Mme Swetchine et je conserve l'impression que j'en avais reçue d'abord. Je demeure convaincu que ce qui me paraît injuste tient à l'antagonisme radical des points de vue ; je reconnais avec gratitude dans l'appréciation de plusieurs détails une étude sérieuse, l'équité et même la bienveillance d'intention.

» Je n'hésite donc pas à vous exprimer la surprise que m'a causée l'addition de la note finale. Je me suis étonné d'abord que vous m'ayez rendu responsable d'un article du *Monde* dans le volume même où vous avez retracé la carrière polémique de M. Louis Veuillot et rappelé des dissidences qui ne sont pas moins vives dans *le Monde* qu'elles ne l'étaient dans l'*Univers*.

» Quant à l'anecdote dont vous vous armez par représailles, elle est, permettez-moi de l'affirmer, aussi peu digne d'une critique élevée que de Mme Swetchine. Aucun de ceux qui l'ont connue n'aura besoin de témoignages pour démentir le fait en le lisant. Mais j'ai voulu me munir de renseignements certains, en vue des hommes de *l'autre bord* qui vous ont induit en erreur. Voici ce que me fait répondre Cloppet, l'homme de confiance du général et de Mme Swetchine pendant trente ans : « Le géné-

---

[1]. On trouvera la réponse à cette lettre dans la réimpression du tome premier des *Nouveaux Lundis*.

» ral a eu longtemps trois montres, deux en argent et
» une en or ; il a donné successivement à des personnes
» qui l'ont servi les deux montres en argent ; il ne s'est
» jamais dessaisi de la montre en or, et il l'a léguée par
» testament à un jeune Ségur... etc.

» DE FALLOUX. »

LI

Ce 17 juillet.

Princesse,

Vous êtes mille fois bonne ; ma rotule recommence tout doucement à faire son service, surtout quand je vais de plain-pied. — J'ai eu tous les détails sur cette fin du noble duc, que j'avais rencontré quelquefois : la fin est toujours triste ; il y a deux ou trois jours de la vie qui devraient s'engloutir ou disparaître comme dans un éclair. — Je ne sais trop rien de cette Mme Aglaë... que je vois tant regrettée, à moins que ce ne soit la femme de Charles... le voyageur. En ce cas c'était une femme exacte, à principes (elle avait un amant même par principes), un peu serrée de ton : mais elle avait en effet une grande fortune dont elle faisait un usage humain.

Ce devait être un salon un peu républicain et philosophique. — Je suis heureux que ce couplet final sur Molière [1] ait eu l'heur de vous agréer, Princesse; il m'a amusé à faire. Le mal, c'est qu'il faut qu'un couplet fini, j'en recommence aussitôt un autre ; et l'on n'est pas tous les jours en voix, comme dit La Bruyère. — Je cherche, ces jours-ci, mon *ut* sans le trouver. — J'apprends avec bien du plaisir des nouvelles de ce portrait par Hébert : je ne lui demande que de vous faire comme je vous ai vue l'un de ces derniers mercredis en arrivant, dans le rayon oblique de ce beau soleil encore loin du couchant et dans tout le brillant de la saison, avec un éclat perlé à la joue.

J'aspire à monter et à descendre un peu librement pour aller mériter mes indulgences et gagner mes pardons à Saint-Gratien.

Daignez agréer, Princesse, l'expression de mon respectueux attachement.

---

1. *Nouveaux Lundis*, tome V, fin de l'article sur *Molière*: Aimer Molière ! etc. C'est ce que M. Sainte-Beuve appelle son couplet final.

LII

Ce 4 août, mercredi.

Princesse,

J'ai reçu votre aimable mot ; une lettre de moi vous prévenait, en le croisant, de ma conversation avec M. D... — Il est difficile aux personnes qui n'ont pas été habituées de longue main à l'idée de certaines relations et d'une certaine position élevée de ne pas se trouver un peu au dépourvu s'ils y sont brusquement portés ! les uns pèchent par modestie et embarras, ils ne sont pas d'aplomb ; les autres pèchent par outrecuidance et une certaine griserie. La dame dont il est question me paraît être de ce dernier genre. On se tirerait mieux d'affaire par de la modestie et de la simplicité.

Je vous demanderai, Princesse, de n'avoir l'honneur de vous voir à dîner que *vendredi* ; j'avais invité à dîner pour jeudi une personne qui part le lendemain. Mais vendredi j'aurai mon plaisir, qui n'aura été que retardé.

Veuillez agréer, Princesse, l'expression de mon respectueux attachement.

LIII

Ce dimanche, 16 août.

Princesse,

Me voilà au matin du dimanche et je me vois dans une impossibilité toute physique d'être à vos ordres et à la joie de cette fête du soir. Déjà accablé par la chaleur, je suis obligé (à cause du relâche qu'ont fait hier les ouvriers de l'imprimerie) de faire double tâche de révision et de correction, ce qui me mène jusqu'à près de cinq heures. Après quoi je ne suis plus qu'un être las et le moins capable d'être *honnête homme.* Je tâcherai, Princesse, de le redevenir, c'est-à-dire de m'affranchir dans un an de cette chaîne et de ce collier trop étroit du métier, et vous verrez, Princesse, que ce n'est pas l'envie qui me manque pour être un homme comme il faut, et le plus respectueusement obéissant de vos attachés serviteurs.

LIV

Ce 22 août.

Princesse,

J'ai l'honneur de vous remercier de votre bon et précis renseignement. Voilà donc encore un essai. — Mais on approche d'une session, mais l'opposition dispose de tous les journaux, moins un ou deux. *Le Moniteur,* comme polémique, ne compte pas. Il n'y a qu'une frégate, cuirassée ou non, qui manœuvre pour le gouvernement avec un peu d'agilité. Est-ce bien sage, au moment de l'engagement, de jeter au cœur de l'équipage un principe de division et de désunion, qui a surtout l'inconvénient de prouver, une fois de plus, à chacun l'indifférence profonde où l'on est des services rendus en ce genre? — Vous sentez tout cela autant que personne, Princesse : pensons à autre chose. Heureux qui peut enfermer sa vie dans le cadre paisible de l'amitié, des arts, de la courtoisie animée d'affection, et n'en pas sortir !

Daignez agréer, Princesse, l'expression de mon respectueux attachement.

LV

Ce 6 septembre 1863

Princesse,

Saint-Gratien n'a rien à se reprocher ; j'ai été un peu lourdaud et puni au talon ou près du talon : un jour de repos a suffi et me revoilà comme avant. — Je voulais le lendemain de ma visite dernière avoir l'honneur de vous écrire pour vous dire : — Non, il ne demande rien, mais il accepte, il reçoit avec une reconnaissance respectueuse et sentie tant de marques de votre bonne grâce, et celle surtout où brille dans son éclat ce charmant et généreux talent [1]. Je me laisse faire à toutes ces bontés, et je m'accoutume comme à une douceur toute naturelle au sentiment qu'elles inspirent.

Daignez agréer, Princesse, l'expression de mon respectueux attachement.

---

1. C'était une œuvre de pinceau que l'on avait l'intention d'offrir à M. Sainte-Beuve, et qui lui fut en effet offerte le mois suivant, comme on le verra bientôt.

LVI

Ce lundi, 8.

Princesse,

Je reçois cet aimable mot. Mercredi, en effet, me semble long à venir, et je m'imagine avoir quantité de choses à dire. — En voici une, qui n'est qu'une nouvelle de mon quartier. Savez-vous que, jeudi dernier, à ce qu'on appelle le bal *Bullier* ou la *Closerie des Lilas,* le rendez-vous des étudiants, se trouvaient... qui?... M. de C... et Mme de P...; vous voyez bien qui. Ils avaient dîné chez Magny; au sortir de là, ils allèrent à ce bal. C... y est connu des étudiants; elle fut reconnue elle-même, et c'est aujourd'hui la fable du quartier latin : les étudiants et *étudiantes* s'abordent depuis trois jours en se disant : « Étiez-vous jeudi à Bullier? Y avez-vous vu C... et Mme de P...? » Je vous assure que c'est d'un effet prodigieux, et que ce monde-là trouve que c'est *incroyable,* car on y a son genre de goût et de bon sens. On y est un peu fou, mais pas de cette folie-là.

J'ai aujourd'hui une queue d'article *Vernet*, qui sera la vraie fin. J'ai eu de la peine à passer, sans trop donner de coups de coude, entre le beau-père et le gendre; mais j'ai tenu à y passer afin de marquer un côté sérieux d'Horace.

M. et Mme Lebrun seront bien heureux : ce sont d'aimables gens, je n'en connais pas de plus fidèles en amitié, et M. Lebrun a su garder du caractère sous sa politesse.

J'ai lu l'article de D...; il est assez piquant en effet. D... n'est pas de nos amis *politiques*, mais c'est un honnête esprit; il est fort instruit et, ce me semble, assez tolérant. Il est peut-être du petit nombre, de ce bord, qui mériteraient un appel bienveillant et qui auraient le bon goût d'y répondre. Il a été longtemps en exil à Bruxelles et y a vécu en faisant des cours. Il me paraît gentil et non sauvage.

Je me prends à bavarder et j'aime encore mieux dire à bientôt, à après-demain.

Je vous prie d'agréer, Princesse, l'expression de mon respectueux attachement.

LVII

Ce mercredi matin 15.

Princesse,

Il est trop vrai que je suis enguignonné et mal enroué depuis quelque temps. En voilà une nouvelle preuve, qui m'est bien sensible. Mon mal de genou (à la suite de cette chute), que je croyais passé, s'est fait sentir de nouveau depuis trois jours : je croyais, jusqu'à tout à l'heure, pouvoir cependant aller à Saint-Gratien me récréer aujourd'hui, ayant pu sortir hier en voiture. Mais je crains, tout considéré et à certaine difficulté que je ressens dans ma *charnière,* de ne pouvoir opérer sans inconvénient toutes les petites montées et descentes, un peu brusques, nécessitées par le chemin de fer, et je me vois, à mon grand déplaisir, obligé de renoncer à mon petit voyage d'aujourd'hui. Daignez me plaindre, Princesse, en m'excusant et me permettre de différer jusqu'à quelques jours cette visite qui est la joie et la récompense de ma semaine.

Agréez, je vous prie, Princesse, l'expression de mon respectueux attachement.

LVIII

Ce 20 septembre.

Oui, Princesse, je pense que Camille Doucet doit se présenter; je l'ai vu, il a dû écrire à M. Guizot, qui, par sa position mixte et sa prépondérance, dispose des voix de plusieurs membres de ses amis, et qui tient dans sa main la clé de l'élection. M. Guizot lui est bienveillant; et puis dans l'intervalle de la candidature, il y a grande chance, d'après la loi des mortalités et sans prononcer aucune parole de fâcheux augure, qu'il s'ouvre quelque succession nouvelle.

J'attendrai, avec bien de l'impatience, la communication que vous me faites l'honneur de m'annoncer. Vous avez pris là une bonne détermination, de fixer par écrit des souvenirs, d'appliquer de ce côté aussi cette manière franche et nette de voir et d'exprimer : écrire comme vous parlez, en ne s'attachant en plus qu'à une parfaite exactitude dans les accessoires ; votre esprit droit et fidèle est sûr de lui et de son souvenir ; mais il y a des circonstances moins importantes et concomitantes où il importe de ne pas se tromper pour ne pas infirmer la vérité de la chose principale. Mme de Fly, avec un *Moniteur* sous les yeux, est une aide excellente pour cette tenue des dates.

Vous savez, Princesse, comme je suis un critique rigoureux ; ainsi vous pouvez bien ne vous attendre à aucun quartier de ma part. Voilà qui est encourageant.

Daignez agréer, Princesse, l'expression de mon respectueux attachement.

LIX

Ce 16 octobre.

Princesse,

Vous êtes ce que je ne puis dire en bonne grâce et en bonté. Je viens de faire une heureuse en votre nom. Imaginez une petite fille blonde, du temps qu'Eudore[1] était un petit garçon blond; elle était chez Nodier comme une nièce, et nièce en effet d'une sœur de Nodier. La maison de Nodier, de son vivant, c'était la maison du bon Dieu; il avait pour maxime, quand on lui faisait des représentations sur son laisser-aller à recevoir chez lui et à donner l'hospitalité : « Quand il n'y a rien pour cinq, il y en a toujours assez pour six. » Cette petite fille, Louison, ainsi élevée en demoiselle, a été obligée, à la mort de Nodier, de devenir... religieuse. Elle est restée sept ans au couvent, puis n'a pu y rester davantage... La pauvre Louise est devenue femme du peuple, brocheuse, femme d'un maçon qu'elle a été obligée de quitter pour son inconduite. Elle paraît une brave femme, laborieuse, douce de ton, ayant gardé l'accent franc-comtois. Elle aura l'honneur de vous écrire, Princesse, pour vous remercier; mais son ouvrage l'empêche de le faire avant dimanche. Grâce à votre don, elle va pouvoir entrer chez Paul Dupont, à Asnières, où l'on gagne un peu plus; mais M. Dupont exige

---

1. M. Eudore Soulié.

une avance, et c'est pourquoi ce bienfait lui était nécessaire.

Voilà qu'en levant les yeux, j'aperçois la douce femme (*Madame Lenoir*)[1], qui me regarde avec ses yeux fins, tendres, riants, et c'est un autre de vos dons, une autre de vos présences réelles dans cette chambre de travail, où je vous vois de toutes parts autour de moi; mais pas plus qu'en moi, où votre aimable image est une habituelle pensée.

Daignez agréer, Princesse, l'expression de mon respectueux attachement.

LX

Ce 23 octobre.

Princesse,

Vous étiez si lasse et si souffrante à la fin de la soirée de mercredi, que j'ai besoin de savoir

---

[1]. Allusion au magnifique cadeau que M. Sainte-Beuve venait de recevoir, et qu'il avait fait placer sous ses yeux en face de sa table de travail : une grande aquarelle, d'après le tableau de Chardin qui est au Louvre, dans la collection Lacaze, et qu'on croit être un portrait de Mme Lenoir, femme du lieutenant de police. Cette aquarelle a été exposée au Salon de l'année suivante (1864).

qu'un bon sommeil a chassé toute cette migraine.
Vous travaillez trop, et d'une manière trop continue, pendant toutes les heures de la journée :
il n'y a pas trêve dans cette activité studieuse
ou charmante, et il est des jours où la nature
se plaint et réclamerait vers quatre ou cinq
heures, avant le dîner, un quart d'heure ou une
demi-heure de repos et de léger oubli. Voilà une
ordonnance de médecin qui m'échappe ; mais
demandez à Rayer !

J'ai bien songé au professeur d'histoire :
je crois savoir celui qui conviendrait au rôle
et qui n'est pas seulement instruit, mais gentil et gracieux, c'est M. Thiénot, professeur
d'histoire au lycée Charlemagne ; je l'ai quelquefois rencontré. Voulez-vous, Princesse, que
je lui touche un mot de votre désir ? M. Thiénot,
jeune encore, est un ancien collègue de M. Duruy
et ami assez intime ; un des premiers actes du
ministre a été de le faire décorer, et il a bien
fait en cela. Vous pourriez questionner sur lui
M. Duruy, comme incidemment. Ce ministre,
en effet, si insuffisant comme ministre ou si
suffisant, eût été le meilleur professeur d'his-

toire pour le but voulu : chacun son domaine.

Daignez agréer, Princesse, l'expression de mon respectueux attachement.

LXI

Ce samedi matin, 31 octobre.

Princesse,

Voici un grand et triste contre-temps à ce projet d'avoir M. Thiénot pour maître de conférences historiques; je viens de recevoir de lui la lettre que je joins ici. Je vais m'informer et penser à quelque autre; mais je n'en vois pas d'avance qui soit aussi désigné par son savoir à la fois et son affabilité [1].

1. M. Thiénot devait succomber deux ou trois ans après à la maladie dont il était déjà atteint et qui le força d'interrompre ses conférences de l'École normale, après lui avoir fait suspendre ses cours du lycée Charlemagne. C'était un charmant homme, des plus instruits, et qui faisait aimer l'érudition et la science, rien qu'en l'écoutant. Tous ceux qui l'ont connu sentiront renaître l'amer regret qui a inspiré cette note.

J'ai le volume de Renan complet et pour vous, Princesse ; je vous le fais remettre.

Me voilà, par suite de la fête de demain, forcé d'avancer d'un jour mon lundi et d'être toute l'après-midi au *Constitutionnel* ; mais, ce soir, je compte avoir l'honneur de vous aller saluer.

Veuillez agréer, Princesse, l'expression de mon respectueux attachement.

LXII

Ce 2 novembre 1863.

Princesse,

J'aurai certainement l'honneur de continuer mes *mercredis* ici mercredi prochain. Ne voudrez-vous pas m'en accorder un chez moi, la semaine prochaine, ou tout autre jour à votre convenance, en daignant vous-même faire choix des *trois* invités qui vous accompagneront? Vous ferez heureuse, une fois de plus, la petite maison.

Je sais un autre nom que Thiénot : c'est

Zeller, de l'École normale. Je vais lui écrire. C'est l'homme qu'il faut.

Daignez agréer, Princesse, l'expression de mon respectueux attachement.

LXIII

Ce samedi 7 novembre.

Princesse,

C'est demain dimanche, à neuf heures, que j'aurai l'honneur de vous présenter M. Zeller. Vous pouvez penser d'avance à votre programme; lorsque vous nous l'aurez exposé, j'y penserai de mon côté, et chercherai à suggérer ce que je croirai le plus intéressant pour varier le grave et le sérieux de la chose.

Daignez agréer, Princesse, l'expression de mon respectueux attachement.

Le discours est très-beau, d'un véritable politique et souverain. Voilà un langage élevé et digne de l'histoire! Celui de M. de Morny aujourd'hui est spirituel et d'un ton excellent[1]. Allons ! ce n'est pas mal débuté, en face de l'ennemi, si ennemi il y a.

LXIV

Ce dimanche matin.

Princesse,

Je trouve sur ma table ce numéro de la *Correspondance littéraire* où est la Lettre de M. Ingres[2].

---

1. Voir *le Moniteur* des 6 et 7 novembre 1863. — La nouvelle session législative s'inaugurait par le triomphe complet de l'opposition, dans le département de la Seine.

2. Cette Lettre de M. Ingres, à propos de la fondation d'une école des beaux-arts en dehors de l'Académie et de la polémique qui s'ensuivit entre les partisans de l'Académie et ceux de l'administration, a fait grand bruit en 1863. M. Ingres prenait parti, on s'en souvient, pour l'Académie. M. Sainte-Beuve avait déjà résumé le débat en tête de son premier article sur *M. Viollet-le-Duc* (*Nouveaux Lundis*, tome VII); il y a dit tout ce qu'il en pensait et fait même, dans une note (page 152), l'énumération des principales pièces à conviction, parmi lesquelles figure en tête la fameuse Lettre de M. Ingres. De loin et à distance, cette guerre de prérogatives fait un peu l'effet aujourd'hui de la grande bataille du *Lutrin*, chantée par Boileau.

Vous remarquerez comme ces messieurs jugent la chose vidée et décidée dans l'opinion publique. Ils ont fait de leurs mains cette opinion.

Ce petit journal a beaucoup de publicité, surtout à l'étranger : ce sont les commis voyageurs des sciences.

Je mets à vos pieds, Princesse, l'expression de mon respect et de mon dévouement.

LXV

Ce 3 décembre.

Princesse,

Voilà de bien grosses matières à conversation. Ce n'est plus de la philosophie, c'est de la politique. C'est la politique seule qui peut conseiller, de tous les opposants, de préférer le moindre, et celui qui, au fond, n'en est pas un, mais un *signe* philosophique. — Je ne m'engage pas en ce moment, Princesse, dans une telle discussion ; je me promets une suite de conversations dans ces journées où je parviendrai bien à arracher quelque quart d'heure. — La Grèce est déjà un beau champ de bataille. — En voici un autre. — La Grèce surtout me préoccupe et me tient à cœur. Que je voudrais être assez savant et assez maître des sources pour vous persuader! Ici je suis en pleine conviction.

Agréez, Princesse, l'expression de mon respectueux attachement.

Je reçois en même temps que la lettre une pétition adressée à Votre Altesse, et dont je ne m'explique pas l'envoi : il doit y avoir quelque malentendu.

LXVI

Ce jeudi 17.

Princesse,

J'ai oublié, hier, de vous apporter le volume dont M. Rousset m'avait chargé pour Votre Altesse impériale et qui vous est dû à tant de titres. Je répare cet oubli.

Je ne vous ai pas assez remerciée, non plus,

de vos attentions et bontés pour Compiègne : j'ai eu pour domestique le plus excellent sujet[1].

Je suis plein de réflexions : savez-vous que ce dernier choix fait à Paris est un des plus envenimés qu'on pût faire[2]? Je n'en connais pas de pire. Cela prouve que les Français sont capables de toutes les badauderies et bêtises en fait de personnes : qu'est-ce donc s'il s'agit d'idées ! Les journaux leur font tout avaler. Il se fait en ce moment, au mot d'ordre de *liberté*, un grand

---

1. On peut s'apercevoir dans les *Nouveaux Lundis*, tome VI, qu'il y a une interruption de travail de plus de vingt jours entre le dernier article sur *Théophile Gautier* et le premier sur *Vaugelas*. M. Sainte-Beuve avait passé ce temps-là à Compiègne. C'était la première fois qu'il y allait, et il n'y retourna plus.

2. L'élection de M. Eugène Pelletan, annulée une première fois, puis confirmée de nouveau par le suffrage universel (13 et 14 décembre 1863). — En 1867, la discussion du Sénat sur les Bibliothèques populaires faisait de M. Sainte-Beuve le défenseur de M. Pelletan, qu'il appelait : « Mon ennemi peut-être. » Il reçut en réponse cette belle lettre : « Non, je ne suis pas votre ennemi ; pourquoi le serais-je? J'ai été votre adversaire quelquefois, je l'avoue, avec une amertume qui a peut-être son excuse dans la tristesse des temps que nous venons de traverser. Mais vous avez vengé devant le Sénat la liberté de pensée avec trop de courage, ai-je besoin d'ajouter avec trop de talent, pour que ce ne soit pas un devoir à tout esprit libéral de vous en témoigner sa reconnaissance. »

courant qui deviendra un tourbillon et une tempête avant peu, de ces tempêtes comme on en a vu dans notre pays de temps à autre. Tout y pousse; les journaux qui disent qu'ils ne sont pas libres soufflent tous dans le même sens. Que faire? Je ne suis pas un médecin. Je fais une partie du malade; je suis un peu effrayé, et j'avertis, je me plains; voilà tout. Je sens venir l'accès, et j'ai le frisson. Beaucoup sont comme moi.

Je vous prie d'agréer, Princesse, l'expression de mon respectueux attachement.

Il y aura peut-être à rappeler à M. Zeller la reprise pour lundi.

LXVII

Ce 22 décembre.

Princesse,

La leçon d'hier m'a paru très-bonne. Le professeur était plus à l'aise que dans les précédentes.

J'insiste. Mme de Fly pourrait vous faire lire dans *la Grandeur et la Décadence...* de Montesquieu, les chapitres sur *César, Trajan, Marc-Aurèle.* Elle trouverait aussi les *Maximes* ou *Pensées* de Marc-Aurèle (partout, chez Charpentier, chez Laroque), — et vous en goûteriez quelques beaux et sublimes endroits.

Je me permets de revenir sur ma conversation avec Mérimée. — Je vous supplie, Princesse, de ne pas conclure si vite. Je ne lui ai rien demandé de positif, n'ayant pas qualité pour cela. Je l'ai questionné, il m'a donné son avis; je vous le dirai en détail. Encore une fois, je vous en supplie, ne concluez pas, Princesse, avec cette rigueur sur des amis.

— Je reviens à Zeller: demandez-lui un chapitre sur la littérature des Romains, si voisine et si différente de celle des Grecs. Les personnes du monde sont trop sujettes à confondre les deux.

Daignez agréer, Princesse, l'expression de mon respectueux attachement.

LXVIII

Ce lundi (1864).

Princesse,

Voilà ce cours un peu démanché — pour moi du moins. — Il a trop croupi aussi sur les Arabes, et je regrette qu'il ne soit pas entré dans l'idée d'une histoire de France d'après les seuls textes originaux, en disant : « Voilà ce qu'on sait et rien de plus. » Est-il temps encore de réparer ?

Je suis hier allé au *Marquis de Villemer*[1], malgré un mal d'yeux et un commencement d'ophthalmie qui m'est venu depuis deux jours. J'ai été content, — surtout du rôle de la lectrice, — content, mais non émerveillé. On gâte d'avance l'effet en en disant trop. — Je n'ai pas lu Beulé. — Je voudrais, ce soir, qu'en sortant de chez Magny, je pusse faire une visite, les yeux tout calfeutrés de vert.

1. 29 février 1864.

Daignez agréer, Princesse, l'expression de mon respectueux attachement.

Quand viendra-t-on prendre cette fine et douce *Madame Lenoir*[1] ?

LXIX

Ce 7 mars, lundi.

Princesse,

Voilà un accident qui m'arrive ! Ce cours si agréable et dont je tenais à être un pilier, je suis obligé de le manquer aujourd'hui. Je suis de la *Commission pour la publication* de la grande *Correspondance* : cette Commission, le prince, votre frère, la convoque pour aujourd'hui, à l'heure même du cours ; et me voilà donc absent... pour le service de l'empereur. Quelle qu'en soit la cause, je ne m'en console pas, et je tâcherai d'arriver, ne fût-ce que tout à la fin, pour avoir l'honneur du moins de vous

---

1. C'était pour l'envoyer au Salon de l'année, dont on commençait les préparatifs.

saluer, et de vous entendre prendre parti entre ces aimables Arabes et Charles-Martel.

Daignez agréer, Princesse, l'expression de mon respectueux attachement.

LXX

Ce 9 mars.

Princesse,

Je vous remercie de votre aimable rappel. — Je n'ai pu encore lire ces discours; comme il n'y a que les amis particuliers qui sont bons juges de la parfaite ressemblance, M. Dufaure a pu faire un Pasquier suffisant [1]. — Nous avons tout à fait perdu la partie à l'Académie. Je ne parle pas de la prochaine élection; j'espère encore un peu jusqu'au dernier moment, mais nous avons pourtant le danger du..., qui, par sa plume tantôt flagorneuse, tantôt épigrammatique et satirique (surtout à l'étranger), enjole ou intimide...

1. M. Dufaure a remplacé le duc Pasquier à l'Académie.

Je suis bien malade des yeux, et, si cela dure, je serai contraint de me constituer malade, car la souffrance aiguë s'en mêle à une certaine heure. Je resterai dimanche tant que je ne serai pas forcé d'arborer devant tout ce monde élégant mes lunettes d'aveugle. Il n'y a que le petit comité qui me les permette. Quand vous êtes malade, cachez-vous!

J'en suis à Girardin [1] : je m'inspire de votre pensée sur lui. Je voudrais être juste pour un homme très-calomnié, et ne donner dans aucun faux jugement. Ce métier est difficile, et j'en serais bien las si je ne lui devais l'honneur de quelques amitiés et de quelques estimes qui, seules, valent tout le reste et en dispensent Vous savez bien, Princesse, que la vôtre est la première pour moi et, si j'osais dire, la plus chère.

Daignez agréer, Princesse, l'expression de mon respectueux attachement.

---

1. A cette date, M. Sainte-Beuve préparait son étude sur M. Emile de Girardin, recueillie depuis au tome VII des *Nouveaux Lundis.*

LXXI

Ce 14.

Princesse,

Je suis parti trop tôt, mais je souffrais un peu, et je suis très-patraque pour le moment.

Je n'avais aucune envie de parler d'un personnage politique si délicat à toucher : je vois bien que ceci me mettra tout à fait à l'aise, et je laisserai l'éloquence s'épancher sur l'éloquence.

M. Giraud en sait aussi long que personne, et, comme il est honnête, il gardera pour lui ce qui le faisait étouffer de rire en dedans.

Nous venons de faire dix et onze tours de scrutin sans accoucher [1] ! il n'y a aucun des candidats de nommé, et l'élection est remise. Nous avons fait bataillon carré, et avons été battus aussi peu que possible, puisqu'il n'y a pas de

---

1. Il s'agissait de donner à l'Académie française un successeur à M. Alfred de Vigny. Les concurrents étaient MM. Autran, Camille Doucet, Jules Janin. Cette journée, qui resta indécise, est celle du 14 avril 1864.

vainqueur. — M. Lebrun n'a pu venir, étant malade.

J'ai reçu une invitation pour la soirée des Tuileries, lundi soir. J'ose vous consulter, Princesse : ce sont des foules où l'on est perdu. Est-il convenable que j'y aille? Je vous le demanderai lundi, au cours.

Je vous envoie, Princesse, l'expression de mon respectueux attachement.

LXXII

Ce 29.

Princesse,

Je prévoyais bien qu'il n'était pas lundi de Pâques impunément, mais je tentais la fortune. — Je crois que cette mort d'Ampère [1] doit arranger les affaires des candidats qui ont des chances : on pourra s'entendre pour peu qu'on en ait envie. — J'ai les yeux toujours bien brûlés et qui me piquent; ils n'ont plus cette

---

1. Jean-Jacques Ampère est mort le 27 mars 1864.

douce et souriante *Madame Lenoir* pour se consoler[1]. — A mercredi matin, sans faute.

Veuillez, Princesse, agréer l'expression de mon respectueux attachement.

LXXIII

Ce lundi 2 mai.

Princesse;

Me voilà pris cette après-midi par ma Commission de la *Correspondance de Napoléon,* par conséquent privé d'une de mes rares et bonnes heures. — M. Zeller m'a communiqué une idée que je crois excellente : ce serait, à l'aide de ses notes et de sa très-bonne mémoire, d'écrire la série de tableaux et de discours qu'il a déroulée devant vous et d'en faire un volume qui conduirait l'Étude jusqu'au xve siècle. Si Votre Altesse le trouvait bon et le désirait, il continuerait l'hiver prochain les xve et xvie siècles, si riches

---

[1]. On vient déjà de rappeler, page 90, que le portrait en question avait été emprunté à M. Sainte-Beuve pour le Salon.

et qu'il sait si bien. Ainsi ce qui n'a été qu'une instruction à huis clos, deviendrait un livre excellent pour tous. Je crois que, si vous avez pu trouver d'abord, Princesse, qu'il procédait un peu lentement, vous avez, depuis, apprécié la raison de cette marche et les bons résultats : on arrive aux choses modernes ou du moyen âge avec un contingent de vues accumulées et de termes de comparaison très-utiles ou même indispensables.

J'ai encouragé M. Zeller dans cette idée de rédaction ultérieure et de livre. Vous aurez ainsi provoqué, Princesse, un ouvrage utile et qui formera, d'une manière moins ambitieuse, moins grandiose, mais aussi plus vraie et plus exacte, un *Discours sur l'histoire universelle.* Si vous souriez à cette idée, votre sourire sera pour cet excellent homme le rayon.

Daignez agréer, Princesse, l'expression de mon respectueux attachement.

LXXIV

Ce 16 mai.

Princesse,

Voici un lundi que je viens de passer en Commission, et qui, je le crois, n'a pas été un jour de cours, à cause de la demi-fête : j'ai donc moins de regret. J'ai toujours une secrète ambition ; savez-vous, Princesse, que j'oserais encore (bien que, cette fois, je n'y sois point encouragé par Girardin) désirer de vous posséder à dîner dans ce petit salon qui a gardé et qui conserve tant de souvenirs de vous?

Ce mois-ci est un mois vague, qui n'est ni campagne, ni Paris. Vous voudriez bien choisir votre jour, votre heure, et *quatre convives*, Votre Altesse comprise ; moi, je ferais le cinquième, nombre qu'on ne peut excéder. Veuillez, Princesse, y songer comme au plus grand honneur et plaisir que vous me pourrez faire, et à la joie de la petite maison, qu'on n'osera plus songer à démolir lorsque vous y serez revenue la consacrer.

Daignez agréer, Princesse, l'expression de mon respectueux dévouement.

LXXV

Ce mardi.

Princesse,

En effet, cette Commission, assemblée dès trois heures et demie, n'a été congédiée qu'à cinq heures et demie sonnées, et je me suis vu trop en retard pour espérer de retrouver les *élèves* réunis. Ce n'est pas là vivre, c'est bourrer la vie. Je suis las d'ailleurs et saturé de ce travail intense. Je prendrai une quinzaine de répit d'ici à peu. Puis je courrai mes cinq ou six derniers mois de traité : après quoi je modifierai mon régime, qui, à cet état de tension, me devient insupportable. Je me permets de vous donner ce détail, Princesse, sachant l'intérêt amical que vous me portez, et aussi pour invoquer votre indulgence dans ces mois forcés que j'achève, et où ma pensée se dégage souvent de sa tâche pour regretter ou rêver un emploi meilleur [1].

Daignez agréer, Princesse, l'assurance de mon respectueux attachement.

LXXVI

Ce 22.

Princesse,

Je crois, en effet, que M. Zeller pourrait être plus détaillé et plus explicite en preuves; mais veuillez penser qu'on lui a demandé de courir le plus possible sur les Grecs et les Romains. Il en avait besoin pour arriver à son invasion des Barbares et à son Époque moderne. Je voudrais

---

1. M. Sainte-Beuve regrette ici un emploi meilleur de son temps, c'est-à-dire celui où il aurait pu, au lieu de morceler sa pensée en articles à la semaine, faire un livre de longue haleine. C'était là son rêve: il l'a en partie réalisé, quand il a eu des loisirs, par son étude sur *Proudhon*, mais il n'a pas même eu le temps d'achever cet ouvrage. La maladie le surprit comme il terminait la première partie, et puis il ne pouvait renoncer, quoi qu'il en eût, à ses articles hebdomadaires. Trop de sujets le tentaient, et le critique ne voulait pas abdiquer.

aussi qu'il indiquât à la fin de chaque leçon quelques lectures à faire et s'y rapportant. Dites-le-lui, Princesse, et moi-même j'en causerai avec lui. La leçon, pourtant, avait un caractère élevé.

(Lire encore, dans le volume publié par Marchand, de Napoléon, *Précis des guerres de César*, le dernier chapitre sur cette idée de *César roi*, à quoi Napoléon ne croyait pas.)

Agréez, Princesse, l'expression de mon respectueux attachement.

LXXVII

Ce 5 juin, dimanche.

Princesse,

Je reçois avec reconnaissance votre bonne lettre. Je compte bien aller *mercredi* à mon ordinaire, et par Enghien; je ne suis pas très-sûr de l'heure et du train par lequel je partirai. Vraiment il y a tant de facilité à arriver à Saint-Gratien, que je ne voudrais pas que la voiture fît pour moi double course. Je tâcherai d'arriver vers six heures.

Il y aurait bien à dire sur toute cette affaire de Renan, si mal emmanchée dès l'origine : elle va prêter à mille discours en sens inverse. Cette translation ne devait-elle pas, avant d'être annoncée au *Moniteur* comme faite, être concertée et convenue avec lui ? Vous voyez les *Débats* de ce matin. Le ministre, dès le premier jour qu'il a pris possession du portefeuille, a posé en principe qu'un professeur ne pouvait être destitué sans procès. Il s'est lié les mains et ne peut révoquer Renan. Celui-ci va donc rester éternellement titulaire d'une chaire idéale et en l'air !

Je suis occupé, comme un forçat, autour de notre aimable Taine[1]. — Je vous envoie, Princesse, l'expression de mon respectueux et reconnaissant attachement ; la maison a gardé de votre passage un redoublement de souvenir et comme un doux parfum.

---

1. Nous suivons dans ces Lettres la marche des *Nouveaux Lundis.* — Voir au tome VIII les articles sur *M. Taine.*

LXXVIII

Ce 10 juin.

Princesse,

Vous aurez vu dans les *Débats* l'article de M. Laboulaye sur l'affaire dont nous causions l'autre jour[1] : voilà le point parfaitement posé et élucidé. L'empereur ne peut savoir ces choses ; mais il me semble que, même en exécutant ses ordres, on doit prévoir et prévenir des difficultés de ce genre. Que d'inexpérience chez les mieux intentionnés! — Vous aurez vu aussi sans doute comment M. Clément a parlé des aquarelles[2] : me voilà plus fier que jamais et pressé de reconquérir ma *Madame Lenoir* ou ma *Madame Geoffrin*, comme l'a appelée et rebaptisée Saint-Victor. — Je ne saisis qu'un prétexte, Princesse, pour

1. Article de M. Ed. Laboulaye, dans le *Journal des Débats* (n° du 10 juin 1864), sur la révocation de M. Ernest Renan au Collége de France, par M. Duruy.
2. Le même n° du *Journal des Débats* (10 juin 1864) contenait dans son feuilleton un article de M. Charles Clément sur le Salon de l'année, où il est parlé de l'aquarelle appartenant à M. Sainte-Beuve. (Voir p. 78, la lettre du 16 octobre 1863.)

vous offrir mon respectueux bonjour et l'expression de mon fidèle attachement.

LXXIX

Ce samedi, 4 heures.

Princesse,

Ma lettre était partie lorsque je reçois le magnifique portrait. Je le regarde et me sens heureux de penser que je l'aurai désormais toujours devant les yeux comme chef-d'œuvre de talent, et comme monument et gage d'une affection qui donne à la vie tout son prix.

Un contre-temps survient, au moment même, pour la visite de demain soir : je reçois du prince votre frère une invitation pour dîner demain au Palais-Royal. Pourrais-je ajouter à un dîner toujours fatigant un bout de visite trop écourtée?... Je vais demander à M. Zeller de remettre notre visite à lundi, si vous y êtes ce soir-là, Princesse.

Je mets à vos pieds mes reconnaissants et respectueux hommages.

LXXX

Ce 1ᵉʳ juillet 1864.

Princesse,

Je le relis, grâce à vous et à votre aimable attention. Il est frappé, chaque mot porte, il n'y en a pas un de trop, mais non plus pas un de moins : c'est parfait. — Je le mets dans mon tiroir, tout au fond, à côté d'un autre portrait aussi aimable que celui-ci est sanglant. Il faut cacher ces choses et ne pas trop entr'ouvrir ni tiroir ni fenêtre, car elles sont si jolies, qu'elles prendraient aussitôt des ailes. Il m'est évident que vous avez deux crayons : vous devez user quelquefois de celui-ci comme de l'autre, et alterner en peignant, en racontant. Quand la verve prend, quand l'envie vient, sous cette forme comme sous l'autre, il faut y céder. J'espère que vous n'avez pas abandonné l'idée de jeter sur le papier ce que vous savez, surtout aux environs d'une certaine époque tout historique : ne négligez pas ce soin ; de temps en temps une page de plus, tantôt un récit net et vrai, tantôt un portrait au vif, et cela fera un matin un de ces livres que ne font pas les auteurs et auxquels le temps met un prix infini.

Daignez agréer, Princesse, l'assurance de mon reconnaissant et respectueux attachement.

LXXXI

Ce 20 juillet 1864.

Princesse,

Quoique mercredi soit mon jour sacré, je viens vous prier de m'excuser aujourd'hui : je suis, vers cette heure de cinq heures, pris moi-même de l'orage chaque jour et un peu au-dessous de moi-même. Avec cela, j'ai une Marie Leczinska[1] sur les bras, ce qui n'est pas précisément piquant à faire et je me ressens de cette atonie. Je vous prie, Princesse, de me permettre de reporter cette semaine mon plaisir à vendredi ou samedi : je compte d'ici-là sur un peu de brise.

1. M. Sainte-Beuve veut parler de son article sur *Marie Leczinska*. (*Nouveaux Lundis*, tome VIII.)

Mais avez-vous lu Sacy ce matin, sur *Madame de Sévigné?* Quel brave homme d'écrivain! Comme il aime ses auteurs tout de bon! Il voudrait être *en prison* avec Mme de Sévigné! Pas si bête. Mais elle... Et puis il parle très-bien de sa fille. Et puis l'impératrice par-dessus le marché! Avec tout cela on sent une nature, et on l'aime.

Je mets à vos pieds, Princesse, mon respectueux attachement.

LXXXII

Ce 28 juillet.

Princesse,

Merci, merci! Tout s'est bien passé : nous avons ri, causé, un peu raillé. J'ai dormi au retour. Je n'ai que ma fatigue générale, qui est grande et habituelle ; mais la journée a été une riante et heureuse distraction.

Oh! je m'explique bien toute cette incohérence! Vouloir trop, embrasser trop à la fois, réunir des éléments contradictoires, éminents et fougueux, être à l'étroit dans une vie qu'on se fait trop pleine, avoir des passions maîtresses, une intelligence maîtresse aussi et qui juge toute chose, avoir des talents, et l'un surtout à un haut degré, dont on ne sait que faire et à qui il est presque interdit d'éclater[1]... Convenez-en, il y a là de quoi faire gronder et un peu rugir ceux qui sont de la race des lions. Mais j'avoue que cela ne m'aurait jamais fait oublier un dîner avec vous.

Je vous prie d'agréer, Princesse, l'expression de mon respectueux attachement.

LXXXIII

Ce 4 août 1864.

Princesse,

Je viens de voir l'excellent C..., pour lequel l'appui de Votre Altesse impériale peut tout en ce moment. Il est proposé pour la croix par la direction du *Constitutionnel* : il s'agissait de mettre la main sur le ministre de l'intérieur

---

[1]. L'éloquence du prince Napoléon.

absent; on l'a vu hier, après le conseil : M. Boudet veut bien écrire pour recommander M. C... à M. Duruy, par qui la chose peut se faire.

Mais, si vous, Princesse, vous vouliez bien écrire un petit mot à M. Duruy, pour dire que ce choix vous ferait plaisir, le bon C... serait au comble de ses vœux, qui se verraient, à coup sûr, exaucés. — La liste de M. Duruy achève de se dresser en ce moment.

Daignez agréer, Princesse, l'expression de mon respectueux attachement.

LXXXIV

Ce 15 août.

Princesse,

Vous aussi vous avez vos ennuis et personne ne s'appartient entièrement. Je voudrais bien me promettre Saint-Gratien pour vendredi certainement; mais ce jour est celui sur lequel tombe l'entier achèvement de mon article. Ce n'est guère que vers deux ou trois heures que les derniers feuillets partent pour l'imprimerie, et je ne suis pas sûr de l'état où me laisse cette fin d'accouchement. Il y a des jours où je ne suis bon qu'à rester sur mon canapé ou à rôder sur mon boulevard. Si je puis, à coup sûr j'irai.

Il y a bien du hasard jusqu'à la fin dans ces nominations de fête ou de jour de l'an. Le tort de M. D... est d'avoir dit à Limayrac : « Partez, et soyez tranquille ! » On a droit toujours de refuser, de motiver ses ajournements, mais on ne doit jamais leurrer.

Je prendrai part, Princesse, à toutes ces solennités où vous serez, et de loin je me permettrai d'entrer dans quelques-unes de vos pensées, de vos réflexions.

Daignez agréer, Princesse, l'expression de mon respectueux attachement.

J'adresse ma lettre à Paris, croyant que c'est le plus court.

LXXXV

Ce jeudi matin, 18 août.

Princesse,

J'ai pour aujourd'hui une douce espérance. — Je suis en plein travail et n'ayant pas achevé, je ne suis nullement sous le charme, vous le verrez; mais c'est une grande difficulté de tout concilier, et il y a les convenances envers une grande infortune[1]. De l'ensemble ressortira, je pense, une impression vraie, non exagérée. — Je suis on ne saurait plus compatissant à votre ennui : ce monde est une comédie, et le vrai, le faux, l'or et le clinquant, l'habile et le niais, le sage et le crétin, s'y mêlent et s'y confondent dans un curieux imbroglio. L'œil de l'observateur prend plaisir à tout démêler; vous avez cet œil-là : c'est le prix de votre ennui, et puis on

---

1. M. Sainte-Beuve préparait, pendant cette semaine, son troisième article sur *Marie-Antoinette*. (*Nouveaux Lundis*, tome VIII.)

apprend à mieux jouir de soi dans les jours où l'on se possède.

Je suis avec respect, Princesse, votre très-fidèle et très-humble attaché.

LXXXVI

Ce vendredi.

Princesse,

Quoi! cette brillante et charmante gaieté du matin a fini par ce gris nuage qu'on appelle migraine! Chassez-la vite. Je voudrais la prendre ce soir, mon travail fait, pour vous en délivrer. Il m'était resté de la visite d'hier plus d'entrain, et je voudrais que cette fin du portrait commencé vous parût vraie, somme toute, et n'accordant que ce qui est dû. Je suis, comme vous, partisan de la vérité.

Daignez agréer, Princesse, l'expression de mon respectueux attachement.

LXXXVII

Ce 6 septembre, mardi soir.

Princesse,

Il survient un incident. Je reçois, ce soir même, une invitation pour dîner demain au Palais-Royal, chez Leurs Altesses. J'ai pensé, dans le premier moment, que peut-être vous y dîniez ; mais à la réflexion je me suis dit qu'on ne sait pas ou qu'on a oublié que le mercredi vous appartient. Cependant je ne voudrais manquer à rien de convenable, et, si je m'excuse, on pourra penser que le mercredi d'habitude pouvait se remettre au jour suivant. Placé ainsi entre un devoir et un autre devoir sans doute, mais surtout entre un devoir et un plaisir, je m'adresse à votre indulgence, Princesse, et, n'ayant pas le temps d'attendre votre agrément, je viens vous demander de me laisser remettre mon Saint-Gratien à *jeudi*. Je le puis cette semaine, à cause de mon avance sur Catinat[1]. — J'ai hâte de sortir avec lui de l'épisode des Barbets.

— J'ai vu, l'autre matin, M. Lebrun ; il m'a parlé de différentes choses avec beaucoup d'amabilité. Je ne vous cacherai point pourtant, Princesse, que j'ai entrevu dans ce qu'il m'a dit des marques de votre intérêt et d'une amitié, j'ose dire, en laquelle j'ai entière confiance. Il n'a pu si bien dissimuler ses conseils que je ne sois remonté à la source. J'ai toujours évité, ou plutôt je n'ai pas rencontré l'occasion de vous parler sur ces choses à cœur ouvert; je ne dirai ici qu'un mot, c'est que la manière de vivre qui me serait le plus agréable serait celle qui serait ainsi faite que je pourrais avoir l'honneur et le bonheur de vous voir plus souvent.

A jeudi donc, Princesse, si vous le permettez, et daignez agréer l'expression de ma gratitude et de mon respectueux dévouement.

---

1. L'étude sur *Catinat*, qui a été recueillie depuis dans le tome VIII des *Nouveaux Lundis*.

LXXXVIII

Ce 12 septembre.

Princesse,

Je compte bien voir ces messieurs ce soir, s'ils sont à Paris, et leur réitérer votre bonne grâce.

— J'ai beaucoup repensé à ce que vous m'avez dit l'autre soir, et ne vous ai pas assez exprimé, Princesse, ce que je sens de cette bonté, qui entre dans tous les détails et va au-devant de toutes les difficultés : cela n'a l'air que de précision et d'exactitude dans l'esprit, et cela vient pourtant de la chaleur de cœur et de la générosité qui veut réussir. Je grave en moi ces marques d'un intérêt qui m'honore et qui donne leur prix à mes dernières années.

J'ai, aujourd'hui, tâché de mettre dans tout son jour les talents et la qualité d'âme naïve et forte de Catinat. Mais que cette lettre de Tessé, sur cette coquine de *comtesse de Verrue*[1], est donc jolie, n'est-ce pas?

Daignez agréer, Princesse, l'expression de mon respectueux attachement.

LXXXIX

Ce 12 octobre, mercredi.

Princesse,

Je suis un peu pris du froid et souffrant, et je ne pourrai m'accorder mon plaisir du mercredi ; je le regrette d'autant plus qu'il me semble que j'avais toute sorte de choses que j'aurais aimé à vous dire.

Une, tout à fait incidente : c'est qu'ayant dîné lundi avec M. Renan, il m'a dit qu'avant de partir, le 24 de ce mois, je pense, pour un voyage en Syrie et dans le Levant, il désirait bien avoir l'honneur de vous porter son hommage : je lui ai dit que je vous croyais encore à Saint-Gratien pour le reste du mois, que je

---

1. *Nouveaux Lundis,* tome VIII, page 457.

m'en informerais, et que, dans tous les cas, je vous exprimerais de sa part, Princesse, son désir. Il est, je vous assure, de près et dans les conversations à quatre ou cinq, plein de sérénité, de raison, de finesse, et il ne paraît avoir aucun ressentiment du passé.

— Il est un point que je veux encore toucher une dernière fois, Princesse : c'est au sujet de notre dernier entretien d'il y a quinze jours. J'ai à vous supplier sérieusement et sincèrement de ne plus intervenir en rien dans cette affaire, de dégager absolument votre influence si chaleureusement engagée ; j'ai besoin, en vous sachant un gré profond du passé, d'être assuré de ne plus rencontrer votre amicale protection. Je n'ai point à vous indiquer le moyen ni les paroles, et je ne suis pas assez impertinent pour cela ; mais la vérité est toujours le mieux, vous le savez, Princesse, aussi bien que moi. Ainsi vous n'auriez qu'à dire que, m'ayant parlé de cette affaire, vous m'avez trouvé dans des dispositions respectueuses, mais telles que le mieux serait sans doute de n'y plus songer. La réflexion, en un mot, n'a fait que me confirmer dans les sentiments qu'un premier moment de vivacité vous a découverts. Je rentre ainsi dans l'ordinaire et la vérité de ma nature.

Ceci dit une dernière fois, je ne vous parlerai plus jamais à ce sujet. La même prière instante que je vous fais sera faite par moi au prince votre frère.

J'espère que tous les hôtes de Saint-Gratien sont bien, et que le prince Placide est au bout de sa convalescence.

Daignez agréer, Princesse, l'expression de mon respectueux attachement.

XC

Ce 14 octobre.

Princesse,

Il m'est impossible de ne pas commencer par vous dire que je sais et sens tout ce que vous avez fait et voulu faire : ma reconnaissance vous est acquise sans réserve. Mais faut-il vous dire la vérité ? Je suis mécontent et je me trouve mortifié. Je ne comprends pas que la littérature que je représentais dans le cas donné soit ainsi toujours ajournée, éloignée, mise à la queue du reste. Il y avait moyen, on pouvait, on n'a pas fait. On envoie au premier Corps de l'État un homme qu'il fallait envoyer à Charenton. Quel prix après cela attacher à la distinction? Il n'y a plus que les avantages. Ils sont grands, et c'est pour cela qu'un homme délicat y regarde à deux fois à recevoir un tel bienfait, quand il sent en lui une altération de sentiments non pas envers le souverain homme public, mais envers le souverain personnellement doué d'une telle inappréciation des hommes. — Je me considère comme ayant reçu un léger affront : l'opinion me désignait ; je suis interrogé de toutes parts. Je réponds avec modération, mais comme un homme, je vous l'avoue, qui désire désormais se passer d'honneurs qu'il faut arracher et de grâces octroyées si disgracieusement. Nous sommes des gens de lettres, et nous ne pouvons nous séparer de notre tempérament à nous et de notre point d'honneur.

Je ne pense qu'à une chose, Princesse, c'est de tirer de ce détroit et sans ombre d'atteinte, avec accroissement, s'il se peut, d'attachement et d'estime, une amitié précieuse. Mais en ce qui est du maître, il m'a aliéné personnellement... J'étais votre candidat, Princesse, c'est le sien que j'aurais dû être.

En ce qui est de notre ami [1], — du nom porté le dernier sur la liste, — je l'ai félicité et le félicite de tout cœur ; cette nomination, indépendamment du mérite, a un sens ; en raison de tout ce qui s'est passé depuis un an, elle est un gage, et marque approbation du passé et redoublement d'appui à l'avenir. C'est ainsi que l'a compris le public, — et l'*escalier de service* l'aura compris aussi.

J'écris à M. Renan votre gracieuse invitation. Je me remets de bon cœur à l'ouvrage et je prépare ma *rentrée* : ce léger effort et le froid m'ont obligé ces jours-ci à rester renfermé. Je prépare des vivres pour ma campagne d'hiver, et, malgré mes recueillements d'auteur occupé, je ne serai que plus gai et plus heureux, Princesse, les jours où j'aurai le bonheur de vous voir.

---

1. Le comte de Nieuwerkerke.

Je vous prie de recevoir l'assurance de mon respectueux et bien tendre attachement.

XCI

Ce dimanche matin.

Princesse,

Tout est donc pour le mieux ; il y a impossibilité, et la politesse, comme on dit, est faite. — . Je m'étais comme arrangé pendant votre absence pour être indisposé; j'ai pris un gros rhume de tête et de poitrine. Je tâcherai bien pourtant d'avoir l'honneur de vous aller saluer un moment ce soir, mais demain je vous prie de vouloir bien disposer de la place de faveur qui m'était réservée, car je me sens peu en état d'en profiter. Je verrai la pièce [1] en tapinois à une fin de semaine. J'aurai l'impression de tous avant la mienne, et je puis dire que je l'ai déjà. — J'avais écrit à M. Giraud votre départ : il serait

---

1. *Maître Guérin,* dont la première représentation avait été donnée la veille au Théâtre-Français (29 octobre 1864).

désolé d'y croire, j'en suis sûr, Votre Altesse étant ici.

Daignez agréer, Princesse, l'expression de mon respectueux attachement.

XCII

Ce lundi, 14 novembre.

Princesse,

J'ai presque à vous remercier pour cette invitation si aimable de mes deux présentés, — au moins de l'un d'eux. Je puis assurer qu'il en est fort reconnaissant, et il a dû répondre aujourd'hui. — Je prends le temps assez indifféremment, mais j'ai une certaine irritation d'yeux et de paupières qui fait que je n'existe pas le soir. Je veux toujours sortir, et je n'en viens pas à bout : les fenêtres crient et les volets se ferment d'eux-mêmes. C'est un misérable état pour quelqu'un qui, sans être homme du monde, veut se distraire dans la plus agréable conversation. — Vous aurez peut-être trouvé aujourd'hui, en vous faisant lire mon article[1], que je deviens de plus en plus audacieux : à quoi bon se gêner, en effet ? Disons, le plus possible, ce que nous sentons. Je suis votre exemple, et je m'enhardis. Est-ce par trop ?

Je vous offre, Princesse, l'assurance de mon respectueux et tendre attachement.

XCIII

Ce mercredi 7 décembre.

Princesse,

Voici le jour et presque l'heure où je vais chaque semaine prendre cette douce récréation que vous m'avez réservée avec une si indulgente amitié : il me manque quelque chose et je vous le dis. Il me semble que vous êtes très-loin et qu'il y a très-longtemps de cela. Les communications sont comme rompues; elles ne repren-

---

1. L'article sur les *Méditations chrétiennes* de M. Guizot, qui a été inséré depuis au tome IX des *Nouveaux Lundis* (14 novembre 1864).

dront qu'avec un sentiment plus vif, de ma part, et avec un bonheur de les retrouver. Je vis, en attendant, dans de graves sujets. Nous avons eu un Magny [1] réduit à cinq ou six têtes : cela n'en valait pas moins ; Eudore, les Goncourt, les Gautier en étaient. Vous ne vous faites pas d'idée, Princesse, comme le lien que votre grâce si attentive a daigné établir entre tous existe et comme on le cherche involontairement, — comme il fait défaut, — les semaines où il est suspendu.

Vous avez reçu, je le sais, de Duveyrier la brochure [2] avec une lettre dont il m'a dit la teneur. Les intentions de ce côté sont parfaitement loyales et pures de toute arrière-pensée ; ces esprits sont sérieusement et tout entiers à la chose qu'ils proposent. C'est ce que vous aurez pu sentir à travers même les parties que vous n'auriez pas agréées.

Je désire que les journées que vous passez loin de nous, Princesse, vous semblent courtes, agréables et amusées autant qu'à ceux qui les

---

1. Le fameux dîner de quinzaine, auquel nous avons consacré une note dans les *Souvenirs et Indiscrétions* (page 149).
2. *L'Avenir et les Bonaparte.*

passent auprès de vous, — autant qu'elles le sont peu à ceux à qui vous manquez.

Agréez, Princesse, l'assurance de mon respectueux dévouement et attachement.

XCIV

Ce vendredi.

Princesse,

Je n'avais pas lu l'homélie[1], me contentant de la voir des yeux, vous me l'avez fait lire. C'est décidément une faiblesse chez cet excellent homme. Sa personne vaut mieux, et sa conversation a une certaine chaleur sincère qui nous permet de nous passer de ses écrits.

J'ai repensé à cette soirée, à ces conversations d'avant-hier; la décadence me trotte dans la tête. La décadence mexicaine, j'en prends mon parti et nous en voilà quittes. Mais la décadence française, je ne puis l'accepter si tôt et en faire si bon marché. Pourquoi crier qu'on a

1. Une préface de M. de Sacy, sur *Saint François de Sales*, dans le *Journal des Débats* (jeudi 15 décembre 1864).

perdu la bataille quand on a encore de bonnes troupes dans les mains ? Pourquoi risquer de les décourager en disant les choses perdues à l'avance ? Pourquoi, quand on est soi l'un des chefs, marquer qu'on a si peu confiance, au lieu de prêcher d'exemple et de lutter vaillamment ? — Croire qu'on est vaincu, à la guerre, c'est déjà être vaincu. —

Voilà ce que je pensais, moi, *athée* et *païen*, à ce qu'on dit ! J'avais besoin de sentir que vous étiez, Princesse, mon alliée secrète pour ne pas me juger tout à fait battu. Mais Dieu et vous aidant, je me sens encore du cœur au ventre.

Quel sombre aujourd'hui ! Que de neige dans l'air ! Pourrez-vous prendre vos *crayons* ? — Pour moi, je vais dicter et griffonner jusqu'au soir.

Je suis à vous, Princesse, de tout mon cœur et de tout mon respect.

XCV

Ce jeudi 22 décembre 1864.

Princesse,

Souffrez que j'achève une pensée qui a été interrompue. Hier, vous aviez tellement raison que je voudrais ne point paraître avoir tout à fait tort, d'autant mieux que, si je semblais différer d'avec Votre Altesse, ce n'était pas sur le même point. Voici ma pensée : il faut toujours du temps et passer par plus d'un degré pour embrasser et comprendre l'*ensemble* d'un grand homme. En littérature, nous avons éprouvé cela pour Dante, Shakspeare, Gœthe. En politique, nous avons eu quelque chose d'analogue à faire par rapport à Napoléon. Daignez vous mettre au point de vue d'un public si morcelé, si travaillé en sens divers, et qui n'était point placé comme vous-même, Princesse, au cœur de la tradition et dans la lignée directe de l'homme. Le génie n'était une question pour personne ; assez de monuments, de victoires et de grandeur civile étaient debout. Mais les débris de la chute jonchaient le sol autour de la statue, même relevée, et empêchaient d'en faire le tour. — La Restauration, un régime contraire, avait succédé avec des théories constitutionnelles qu'avaient sucées des générations nouvelles, favorables en partie, en partie contraires à l'idée impériale. Le régime de Louis-Philippe n'avait pas infirmé cette contradiction de jugements. Vaulabelle, que vous goûtez, passait pour un homme de parti, et il n'avait pas dans le talent ni dans sa position personnelle assez d'autorité pour se faire compter selon son mérite auprès de bien des lecteurs. Le service qu'a rendu l'historien *provisoire* (je l'admets) — provisoire et non définitif — du Consulat et de l'Empire a été de développer avec étendue et clarté les motifs de son admiration au triple point de vue militaire, administratif, civil. — Il a tâtonné lui-même, il a faibli en bien des endroits. — Il y a quelques-uns de ses volumes publiés entre 1851 et 1860 où il a semblé revenir sur ses premiers jugements; — mais, somme toute, il a permis aux lecteurs curieux et patients de se faire une vaste idée, une idée *continue* du génie et de la force complexe de son héros. Il a *facilité* l'étude, l'intelligence. Après l'avoir lu, on était tout préparé à lire la *Correspondance*, cette grande source directe, qui a fait sentir les tiédeurs de l'historien et a donné la mesure exacte de son délayage. Mais, en attendant, le service était rendu, et quantité d'esprits rétifs, prévenus, qui croyaient d'abord à un génie pareil à un volcan ou à un tonnerre et procédant par éruptions et par éclairs, s'étaient insensiblement guéris de leur idée incomplète et s'étaient accoutumés à saisir l'ensemble de cette pensée et l'unité souveraine de son développement : ils avaient fait en cela plus de chemin que l'historien lui-même, mais celui-ci les avait aidés à le dépasser.

Je ne sais si j'exprime bien ma pensée, Princesse; elle n'est pas autre, et les critiques que vous exprimiez si vivement et que vous avez droit d'élever mieux que personne, sont devenues sensibles à tous et se justifient de jour en jour, à mesure qu'on peut lire les pièces si originales que l'historien a eues entre les mains, et dont il n'a pas fait tout l'usage ni tiré le parti qu'il aurait pu. Il avait l'eau du Styx, et il n'y a pas trempé son style ni son glaive. Aussi cela se refera-t-il un jour ! Ce qui n'est pas écrit ne dure pas.

Pardon, Princesse, de ma dissertation. Je vous offre bien vite l'expression de mon respectueux et sincère attachement.

XCVI

Ce 25 décembre 1864.

Princesse,

Soyez assez indulgente pour vouloir bien agréer ce *Cicéron* comme vous avez accueilli le *Platon* l'année dernière. Cicéron est le Platon des Latins, et plus accessible pour nous que l'autre. Son traité *De l'Amitié*, son traité *Des Devoirs*, le commencement de son Dialogue sur les *Lois*, grand nombre de ses *Lettres* vous feront plaisir à parcourir : vous en aurez une suffisante idée. C'est le plus grand littérateur qu'il y ait jamais eu, le plus élégant, le plus instruit, le plus spirituel, le plus honnête (avec son grain inévitable de vanité), et aussi le plus philosophe : lisez, pour vous en convaincre, quelques pages de son traité *De la nature des Dieux*.

Daignez agréer, Princesse, avec mes vœux, l'assurance de mon respectueux et fidèle attachement.

J'ai oublié de vous dire que M. de Calonne a une idée qui me semble heureuse et pratique : il désirait que Votre Altesse en fût informée par moi. Mais je n'ai pas trouvé le moment l'autre soir.

XCVII

Ce samedi 31 décembre 1804.

Princesse,

Non, c'est trop : à peine étiez-vous sortie, j'ai vu toutes ces magnificences. Ma maison est montée par vous ; je ne puis ni marcher, ni regarder, ni me retourner, ni m'asseoir sans être en pleins cadeaux. Cette lampe est splendide, et même sans être allumée, elle éclaire ce salon sombre. Cette petite table est une merveille de dessin turc ou persan. Vous avez semé les boutons d'or, et mes ménagères n'ont pas même eu le loisir de vous dire toute leur reconnaissance. Princesse, nous allons être obligés de dire comme dans ce journal : « La bonne Princesse; » mais non, nous dirons comme toujours : « La belle et bonne Princesse. »

Je voulais ce soir aller vous porter de vive voix mes remercîments et ceux de la maisonnée. Mes yeux brûlés s'y refusent. Ce sera pour demain.

Je mets à vos pieds, Princesse, mes hommages et mes vœux, mes sentiments de respectueux et tendre attachement.

XCVIII

Ce mardi (1865).

Princesse,

J'ai eu moi-même bien des regrets de manquer ainsi et le plaisir de vous voir et une étude dernière de mon *modèle*[1]. Cette neige qui me traite moi et mes misérables organes comme un baromètre en est cause. La voilà fondue. Je ne suis pas libre samedi, mais j'aurai l'honneur, Princesse, de vous aller saluer vendredi dans la soirée. — Daignez, je vous prie, agréer l'expression de mon respectueux attachement.

XCIX

Ce vendredi.

Princesse,

Le discours est parfait. Deux phrases seules me paraissent laisser à désirer. Je propose pour la première quelque chose comme ceci ou d'approchant :

« Mais elle soulage d'autant les familles affligées et *leur épargne* des soins *que le plus souvent leur misère les empêcherait de pouvoir donner,* »

---

1. Allusion au cours particulier de M. Zeller, que suivit assidûment, tant qu'il le put, M. Sainte-Beuve, et au sujet duquel il préparait des articles, recueillis depuis au tome IX des *Nouveaux Lundis.*

ou « *les empêcherait de donner* » ; c'est plus court.

L'autre phrase demande un léger complément, et je propose ceci ou quelque chose dans ce sens :

« Personne ne peut se dire exempt de souffrance ou de chagrin, soit dans le passé, soit dans l'avenir ; mais *même, avec son lot de douleurs,* chacun peut et doit tendre une main secourable à son prochain. » Il faut expliquer le *mais*, et c'est pour cela que je crois entrer dans la pensée en mettant : *même avec son lot* ou *sa part de douleurs.*

Ce sont mes seules remarques, Princesse ; je vous quitte pour passer à Bossuet [1].

Agréez, je vous prie, l'assurance de mon respectueux attachement.

---

1. Le premier article sur M. Zeller, *Entretiens sur l'histoire* (16 janvier 1865), débute par une critique du *Discours sur l'histoire universelle* de Bossuet.

C

Ce lundi, 30 janvier.

Princesse,

J'ai bien à m'excuser, mais j'ai été hors de service vendredi dès le soir, et voici qu'il faut que je réclame votre indulgence pour les nécessités et assujettissements de la vie nouvelle dans laquelle j'entre et je suis entré. En allégeant ma chaîne du *Constitutionnel*, je ne fais que m'obliger plus étroitement ailleurs. Je vais avoir plus de charge que par le passé. Depuis quelques mois, je suffis à peine à la vie double, à celle du travail et du monde. La soirée n'existe plus pour moi quand j'ai travaillé un peu vaillamment le jour. Aussi je sens le besoin de couper court et de rassembler mon reste de forces pour la nouvelle carrière que j'entreprends et à laquelle je destine les trois ou quatre années de vigueur d'esprit et d'activité qui me restent. J'ai donc à demander à Votre Altesse toute indulgence pour mes irrégularités de relation et mes lacunes. Ainsi je ne puis plus suivre même ce cours du lundi si agréable. Décidé à refuser tout dîner de cérémonie, je serai obligé de cacher et de dérober le plus possible ma bonne fortune du mercredi ou de celui des jours choisis par vous où j'aurai l'honneur de dîner rue de Courcelles. J'ose compter pour tout cela, Princesse, non seulement sur votre indulgence, mais j'ose dire sur votre confiance en une amitié fidèle et inviolable. Je vous prie d'en recevoir ici la nouvelle assurance respectueuse et celle de mon attachement le plus vrai.

J'ai retrouvé au *Moniteur* [1] ces simples et dignes paroles, que j'avais lues en manuscrit : c'est bien le ton qui sied à une *Napoléon* devant un archevêque : s'incliner, mais pas trop !

CI

Ce mardi.

Princesse,

Certainement je compte bien demain être des vôtres. — Ma lettre n'a fait que vous dire l'état

1. N° du 29 janvier 1865.

vrai, — non moral, mais matériel, — de ma vie. J'ai depuis quelques mois un sentiment de fatigue et d'oppression (à la Coquereau[1]) qui ne trompe pas absolument : je crois qu'il suffit, pour y parer, d'un régime ; et ce régime est incompatible avec la vie que j'ai menée depuis ces derniers temps. — J'ai dû écrire au prince votre frère un mot pour m'excuser de ne pas me rendre à ses dernières invitations à dîner : il m'a bien voulu répondre par un billet des plus affectueux et dont j'ai été fort touché. — Il n'est jamais entré dans ma pensée de me priver de mon jour par semaine, mais il est très-vrai que je ne puis m'en accorder aucun autre.

Quant à avoir brisé de moitié avec *le Constitutionnel*, veuillez penser qu'il me faut à l'instant réparer et combler la brèche, et j'y ai pourvu en effet en m'engageant, pour cette Encyclopédie-Pereire[2], à faire non seulement un livre en deux ou trois ans, mais encore des espèces d'articles

---

1. L'abbé Coquereau, mort en 1866. M. Sainte-Beuve l'avait connu chez la Princesse.

2. Voir à la fin du volume sur *Proudhon* (page 316) une note biographique à ce sujet.

ou de chapitres courants pour leurs divers traités ; à cette condition, je m'en tire, mais c'est un nouveau genre de travail qui, dans son vague, me donne quelque souci, qui demande lecture, méditation et nécessite une nouvelle *mise en train*. Vulgairement parlant, j'ai, comme on dit, à me faire le pied à de nouveaux souliers. Quand mon pied y sera rompu, je me remettrai peut-être à marcher plus librement, je l'espère. Mais, dans aucun cas, Princesse, je n'ai pensé, en m'ouvrant à vous avec la franchise que votre bonté tout amicale autorise, à me punir dans les meilleurs et les plus précieux de mes sentiments.

A demain.

Daignez agréer, Princesse, l'expression de mon respectueux attachement.

CII

Ce 8 février.

Princesse,

On est en effet dans un torrent. Sauve qui peut ! J'avais compté sur M. Zeller aujourd'hui, c'est-à-dire sur une bonne occasion de vous saluer et de causer un moment. — On a tant de choses à dire qu'on ne dit pas! — A mercredi sans faute; je maudis un peu l'hiver. Le carême, du moins, va nous mener au printemps. — J'ai trahi, un peu malgré moi, l'autre jour, dans cette page qui m'est échappée, mon *sombre habituel*[1] et l'amertume qui fait le fond de mon humeur quand je ne vois pas quelques-uns des rayons qui la chassent ou l'éclaircissent.

Daignez agréer, Princesse, l'expression de mon respectueux attachement.

---

1. « Ainsi Marc-Aurèle a bu son calice, mais il l'a bu silencieusement. Il ne criait pas comme ce révolutionnaire cynique : « Je suis soûl des hommes, » il le pensait. Cicéron l'a dit aussi, à sa manière; il lui en venait souvent la nausée, et il y eut un moment où tout lui parut odieux, excepté la mort. César, à la fin, ne se donnait plus la peine de défendre sa vie; il semblait dire : « Qu'ils la prennent, s'ils la veulent! » On arrive à ce même dégoût par tous les chemins; il suffit d'avoir longtemps vécu et d'avoir eu à se démêler de trop près avec l'espèce humaine. » (*Nouveaux Lundis,* tome IX, pages 339-340, à la fin d'un dernier article sur les *Entretiens sur l'histoire,* par M. Zeller, 30 janvier 1865).

CIII

Ce mercredi, 8 février.

Princesse,

Je m'étais dit en effet en comptant sur mes doigts que cette quinzaine de bal revenait pour mercredi, mais votre silence me laissait espérer quelque dérangement à mon avantage.

Veuillez ne pas me dire, je vous en prie, que je parais si *sévère*. Comment le serais-je contre ce qui a été un charme et un rêve des plus doux? Vaut-il mieux dissimuler et manquer de vérité? Faut-il que vous soyez la seule personne envers qui je déguise ce que je ne puis me dissimuler à moi-même et que je ne prends plus sur moi de dissimuler à personne? J'ai pris avec moi-même des résolutions et déterminations auxquelles la nécessité, et des sentiments qui tiennent à la dignité du caractère et au respect de soi, m'ont graduellement amené.

Je suis entré dans une dernière phase de ma vie, qui est à établir derechef et à laquelle je m'applique de toutes mes forces. Se plaindre est misérable, se faire plaindre est honteux. Travailler est le parti le plus simple et le plus digne comme le plus forcé. Je m'en accommode, mais je dois à mon honneur de ne pas me relâcher sur la qualité et de bien faire jusqu'à la fin. Pour cela je dois beaucoup garder la chambre, car la facilité, qui n'a jamais été mon fait, devient de moins en moins à notre usage avec les années. La satisfaction que je tirerai à la longue du parti que je prends, — lequel est tout simplement de faire de nécessité vertu, — m'ôtera toute irritation et amertume si j'étais tenté d'en avoir. Je ne serais pas toujours sûr de m'en préserver, au moins en paroles, allant dans le monde et ayant à répondre à toute sorte de questions et de démonstrations d'intérêt. Moins on parle, et bien souvent mieux l'on pense.

Voilà ce que j'ose exposer naïvement et avec confiance non pas à Votre Altesse, mais à une amie. Le jour que vous voudrez bien m'accorder sera toujours le mien. Pour vendredi prochain, je vous demanderai seulement de le changer. Il faut bien vous le dire encore, ce jour-là, par exception, je dîne chez M. Isaac Pereire, mon nouveau patron, à qui j'ai obligation de ses avances, et que je n'ai pas vu *depuis un an*, tout s'étant fait entre nous par intermédiaires. Si samedi n'était pas un jour réservé, je vous demanderais d'en prendre ma part. Je tiendrai votre silence pour une acceptation : vous voyez, Princesse, que je ne suis pas devenu si farouche. Je n'ai jamais mieux senti le prix que j'attache à ce qui doit lier à jamais à vous ceux que vous avez une fois distingués et honorés des marques de cette bonté dont je vous parlais dans ma dernière lettre.

CIV

Ce lundi, 20 mars 1865.

Princesse,

Laissez-moi, après bien des jours, vous parler encore en toute confiance et ne pas rester sur cette conversation de l'autre soir, qui ne m'a prouvé qu'une chose, à la réflexion, c'est qu'il est mieux de vivre seul quand on a l'esprit et le cœur trop pleins, et qu'il vaut mieux, pour penser et sentir tranquillement, se soustraire aux occasions de parler.

J'aurais voulu convaincre Votre Altesse qu'il s'agit pour moi, depuis un certain temps déjà, d'accepter nettement et pleinement la situation qui m'est faite, de l'accepter comme définitive et de me retourner en conséquence. Il m'est évident que, par une cause ou par une autre, je ne suis plus considéré comme un ami en certain lieu, ni traité comme tel, avec les égards qui sont dus même de haut (et en ne me surfaisant moi-même en rien, je vous jure); il n'y a même jamais eu, par rapport à moi, cette bienveillance attentive et bien informée[1], la seule qui compte ; et je puis dire qu'il n'est pas une autre personne dans ma situation qui n'eût ressenti cette négligence absolue autant et plus, oui certainement plus que je ne le fais. Car on

---

1. M. Sainte-Beuve n'a jamais eu qu'une fois l'occasion de causer en tête-à-tête avec Napoléon III, et il en reçut un compliment qui témoignait en effet de plus de politesse que d'information littéraire : « Je vous lis toujours dans le *Moniteur*, lui dit le souverain... » Il y avait deux ou trois ans que les *Nouveaux Lundis* paraissaient dans le *Constitutionnel*.

conviendra que j'y ai mis toute déférence, toute patience respectueuse, et je n'en tire aujourd'hui encore d'autre conséquence que de me dire que c'est à moi de me tirer courageusement d'affaire, de me fortifier dans l'humble condition qui m'est faite et du sein de laquelle j'ai su acquérir l'estime d'une bonne partie du public, d'augmenter encore, s'il se peut, mes titres à cette estime en redoublant d'effort et de travail pendant les restes de ma vie active. Cela dit, il est impossible que certains sentiments particuliers ne s'y joignent et que quelque amertume même, au fond, ne me soit nécessaire pour m'y retremper et me donner la force dont j'ai besoin. Pour cela, il faut aussi que cette amertume soit modérée et ne m'envahisse pas : il suffit d'en avoir une légère pointe. Mais alors j'ai également besoin de ne pas m'exposer aux occasions où je suis tenté de penser trop fréquemment à certains personnages, de leur accorder une attention qui m'est inutile et qui ne peut que piquer une âme fière, résolue de se retirer de leur chemin. En un mot, le sage détourne ses regards de ce à quoi il ne peut rien, et les reporte sur ce qui est à sa portée et dans sa sphère possible. Il en résulte que, pour moi, le monde — le grand monde — m'est devenu un inconvénient sensible, et qu'il m'est plus pénible qu'agréable d'y rencontrer des visages, des questions... Aussi osai-je venir demander à Votre Altesse la permission de me soustraire quelque temps à ce qui me rappelle forcément des circonstances dont l'ennui n'est pas épuisé (car le public, une fois saisi d'un nom, ne le lâche plus et en use et en abuse à satiété); — je demande à Votre Altesse de garder son image entière et sans accessoire, sans ombre, et telle que la reconnaissance l'a gravée en moi. — Je n'irai donc pas, Princesse, dîner mercredi : daignez mettre votre bonté à m'excuser, et agréez l'expression sincère de mon respectueux et inviolable attachement.

CV

Ce mercredi 22.

Princesse,

Votre lettre me fait peine : il y a eu dès l'origine un malentendu dans tout ceci, et il est dommage que le trop de délicatesse ait empêché d'avoir une conversation nette et froide. Il y a, je le vois encore, aux derniers mots de votre lettre un reste de malentendu, malgré tout mon effort à m'expliquer; Un jour prochain vous ne me refuserez pas de m'en expliquer plus clairement à froid et simplement avec vous. Et alors il n'y aura pas un nuage, je l'espère, sur ma manière d'agir et de sentir. Laissez-moi supplier aujourd'hui votre amitié de ne pas me juger à l'avance et plus sévèrement que je ne mérite. Croyez, Princesse, que je ne suis pas ingrat pour ce qui a fait, ces dernières années, ma douceur comme mon honneur, et agréez l'assurance de mon respectueux et inviolable attachement.

CVI

Ce vendredi.

Quoi, Princesse ! mais c'est une surprise extrême, même après cette promesse et cette parole si précise entendue! Aussi ma joie est-elle vraiment très-grande et aussi peu philosophique que possible ! Ma reconnaissance est comme si j'avais vingt ans ! Vous sentez bien à qui elle va dans son premier élan ? J'aurai l'honneur d'aller vous l'offrir ce soir.

Je vous baise la main. — Enfin, Princesse, je pourrai maintenant vous voir à *cœur-joie* et comme un vrai monsieur qui s'appartient ou qui ne s'appartient plus.

Je suis tout à vous de respect et d'attachement.

CVII

Ce 29 avril.

Princesse,

M. Rouher a été bien inspiré en faisant passer par vos mains cette lettre officielle : voilà ce qui double le prix des grâces. Tout cela n'est pas seulement excellent au fond, mais charmant de façon. Vous avez fait là, Princesse, une *œuvre d'art* de plus, et bien vivante, et qui ne vivra que pour vous remercier et vous aimer; ce qui est bien juste.

Je vais, dès ce matin, me présenter chez M. Rouher. — Ce soir, j'aurai l'honneur de vous saluer dans la soirée au Théâtre-Français [1].

Je baise vos mains, Princesse, et suis tout à vous de respect et d'attachement.

CVIII

Ce lundi matin 29.

Princesse,

M. Giraud m'a bien promis d'être de retour pour mercredi : il ne fait cette fois qu'une petite inspection, il sera des vôtres. — C'est lui qui, avant-hier, m'a fait lire le premier, en venant me voir à dix heures du matin, *le Moniteur* [2] que je n'avais pas encore reçu. J'ai été affligé, votre mot est juste, Princesse ; la lettre en elle-même est *excessive* ; l'insertion au *Moniteur*

---

[1]. On donnait, pour la première fois, *le Supplice d'une femme* (29 avril 1865).

[2]. *Le Moniteur universel* du 27 mai 1865, où l'empereur inflige un blâme à son cousin le prince Napoléon pour le discours prononcé en Corse à l'inauguration de la statue de Napoléon Ier.

crée, je le crains, un fait irréparable. L'empereur n'aurait pas fait cela à Paris [1] : il a obéi à un premier mouvement que personne n'a combattu. Chateaubriand, qui avait vu l'étranger, a dit : « On n'écrit avec mesure que dans la patrie. » Deux seuls journaux se sont réjouis de la lettre et du coup qu'elle frappe, ce sont deux journaux royalistes, *la Gazette* et *l'Union*. Il y a un proverbe oriental : « Veux-tu savoir si tu as commis une faute? regarde dans les yeux de ton ennemi. »

Votre jugement sur le discours, l'autre soir, m'a paru approcher du vrai : — il est bon qu'il y ait plus d'un côté dans l'interprétation napoléonienne. Le prince représente l'interprétation démocratique, patriotique, de 1815 — *bleue*. Il peut y avoir des nuances au bleu. Mais le *blanc* ne sera jamais une de ces nuances.

Le vieux Laurent (de l'Ardèche), qui a assisté à 1815, disait hier : « Il a été frappé pour avoir parlé de Bonaparte en Bonaparte et sous un Bonaparte. » C'est s'affaiblir pour le chef de l'État

---

1. Il voyageait en Algérie.

que de se retrancher son côté gauche et de dire tout haut : « C'est un ami de mes ennemis. »

Combien de gens ne se rattachaient au gouvernement de l'empereur que par une adhésion ou une confiance plus ou moins vague, plus ou moins confuse aux sentiments du prince Napoléon, dans lesquels ils croyaient voir des indicateurs, des précurseurs d'autres sentiments impériaux! Les voilà avertis et désabusés. Et maintenant que faire ?

Je suis assuré que l'empereur regrettera, dans sa bonté et sa justice, ce qu'il a fait. C'est alors, Princesse, — c'est bientôt, — que vous pourrez intervenir ; — et dès à présent vous le pouvez auprès de votre frère. Très-probablement on le pressera, on le *priera* de garder la présidence de l'Exposition universelle, que, seul, il est en état de tenir en main : mon sentiment serait qu'après une résistance honnête, il cédât; qu'il permît à l'empereur de regretter ce qui s'est fait, de le réparer en partie,... enfin qu'il ne fermât pas accès et jour à une réconciliation ; qu'il ne fût pas irrité au delà de ce qu'il faut. Je suis sûr que le pays lui saura gré de la modération qu'il montrera en ce sens. Il ne faut pas laisser les ennemis se réjouir et triompher à leur aise d'une zizanie qui afflige les amis sincères et serviteurs de l'empire.

Je m'emporte au delà des bornes moi-même. — Daignez agréer, Princesse, l'hommage de mon attachement respectueux.

CIX

Ce 13 mardi.

Princesse,

Tout n'est pas rose, même par ces beaux jours où la campagne est si verte et si riante : demain, mercredi même, un avis m'est donné que je suis d'une députation funèbre pour rendre les derniers honneurs à un sénateur mort (M. de Gabriac) : je ne puis, pour une première fois, me dérober à cette mission que je vais tâcher d'accomplir, au moins en partie, et qui me laissera bien fatigué. Un autre avis nous est donné que le soir du même jour l'empereur reçoit — et les sénateurs notamment. — Je crois que mon devoir est de ne pas manquer à cette réception, la première où je reverrai Sa Majesté depuis ma nomination. Me voilà donc dans la nécessité de remettre le plaisir de mon mercredi à l'un des jours suivants, jeudi ou vendredi. Vous me le permettrez, Princesse. J'ai bien hâte que cette session qui coupe toutes les journées soit finie : j'ai hâte de pouvoir jouir d'une journée franche à Saint-Gratien, que je n'ai jamais vu le matin. Enfin j'essaye tout doucement de me faire l'esprit à un arrangement de vie un peu nouveau, et où la satisfaction du cœur et d'un attachement déjà ancien trouve son compte. Il m'est impossible, pour le moment, de ne pas me sentir un peu dérouté, un peu étonné. On s'y fera. Je réclame, Princesse, votre gracieuse indulgence et vous prie d'agréer l'hommage de mes respectueux et tendres sentiments.

C X

Ce jeudi 15,

Princesse,

Oui, certes, tout cela n'est pas encore le loisir rêvé : cela y mène peut-être. J'ai rempli hier

mes doubles devoirs; j'y ai suffi — bien juste.
Il m'a été agréable pourtant, hier soir, de pouvoir remercier directement l'empereur qui avait reçu ma lettre en voyage[1] et qui a bien voulu se

1. Voici cette lettre essentiellement littéraire :

« Sire, Votre Majesté a daigné, à la veille même de son départ, me conférer un grand honneur et, j'ose ajouter, un grand bienfait.

» En couronnant par une faveur si haute une carrière purement littéraire, Elle semble avoir voulu honorer la profession même : les Lettres, je me plais à l'espérer, lui en seront reconnaissantes.

» En ce qui m'est plus particulier, Sire, la bonté de Votre Majesté va me permettre de consacrer ce qui me reste d'activité et de force à des études plus suivies, plus élevées et de nature à répondre moins imparfaitement à l'idée d'un grand règne.

» De nouveaux devoirs me sont imposés : je m'efforcerai d'être à la hauteur de ces obligations nouvelles et pour cela j'aurai à me pénétrer surtout des pensées de Votre Majesté, qui ne sont pas distinctes de la grandeur et de la sagesse de la France.

» Veuillez agréer, Sire, l'hommage de ma profonde reconnaissance et de mon dévouement le plus respectueux. »

La littérature témoigna sa satisfaction à M. Sainte-Beuve par de nombreuses marques de sympathie et des félicitations qui lui arrivèrent de toutes parts, même de l'étranger. Nous retrouvons cet intéressant fragment d'une lettre de Mme Louise Colet, sur lequel M. Sainte-Beuve avait écrit : « A joindre à le rappeler. — Aujourd'hui, Académie et Sénat, oh! c'est trop. Mais demain, vendredi, je sera

mon article *Fauriel* sur le poëte Manzoni, — tome IV des *Portraits contemporains*.)

« Villa-Reale-di-San-Lucio, près Caserte
(Italie méridionale), 9 mai 1865.

« ... Votre nomination avait été annoncée, il y a près d'un an, par les journaux italiens. Manzoni, que je voyais chaque jour à Milan (au mois de juillet dernier), me dit à cette occasion combien il vous aimait et combien il se félicitait de tout ce qui pourrait vous arriver d'heureux. Il vous était pour toujours reconnaissant, ajoutait-il, de la manière dont vous aviez parlé de lui; il vous devait d'être connu en France sous un jour favorable. Il me disait tout cela à la campagne sous les beaux ombrages d'un parc qu'il a planté lui-même, il y a soixante ans. Il me parla aussi beaucoup de M. Fauriel ce jour-là et aussi du *philosophe* (M. Cousin), à qui il en veut un peu de ne pas être meilleur Italien à l'heure qu'il est, après l'avoir vu si fougueux pour la même cause en 1821. Manzoni est resté immuable; il veut la liberté et l'unité italienne complètes. Quel grand esprit et quelle admirable tête de vieillard! La conversation revint sur votre compte pendant le dîner. « Si vous avez
» occasion d'écrire à M. Sainte-Beuve, me dit-il, ne man-
» quez pas de lui répéter mes sentiments pour lui et la joie
» que j'aurais de le voir et de le recevoir ici. » Je voulais vous écrire tout cela à cette époque, en vous félicitant de votre nomination au Sénat; mais les journaux la démentirent quelques jours après. Cependant, désirant que les paroles de Manzoni vous parvinssent, je les adressai à M. Camille Doucet pour vous les lire, et j'espère qu'il n'y aura pas manqué. »

libre, j'espère, un peu plus tôt, et je pourrai arriver à Saint-Gratien, délivré de tous soins et heureux, Princesse, de vous saluer.

J'envoie devant mes hommages avec l'expression de mon respectueux et tendre attachement.

CXI

Ce vendredi 23 juin.

Princesse,

J'écris à M. Giraud lui-même pour lui demander une explication. Je soupçonne que c'est seulement une mesure d'*âge*. Le coquet ne nous en aura rien dit. Si c'est cela, la loi est absurde qui inutilise de tels hommes dans la chaire avant le temps.

La jeunesse, de tout temps, a été outrecuidante, mais de nos jours, et littérairement, cela passe tout. Le plaisant est qu'ils veulent faire d'une pierre deux coups et mettre leurs plaisirs en art, leurs polissonneries en pièces de vers ou de comédie, pour qu'on les applaudisse par-dessus le marché et y gagner honneur et argent. C'est trop. Le jeune de M... est un charmant jeune homme, mais ses vers que j'ai lus sont l'enfance même. L'autre joli jeune homme aux gants blancs ne doute de rien. C'est un fat. Eh bien, nous, critiques, nous avons à nous démêler avec ces mêmes prétentions qui nous reviennent en livres : et nous devons être attentifs, car il peut y avoir dans le nombre de vraies semences de talent. Mais je suis incapable d'entendre de telles lectures jusqu'à la fin : non, je ne le puis. En livres, passe ! on lit du pouce; en face et en personne, c'est trop !

Je pousse tant que je peux toutes mes corvées, en aspirant au jour où je serai libre : ce *Discours sur les prix de vertu*[1] est mon cauchemar pour le moment. Aura-t-on donc toujours un cauchemar ? il me semble qu'on ne fait qu'en changer.

Sacy a été galant pour moi aussi, Princesse ! je lui ai dit hier que j'avais lu une page de sa lettre.

Je mets à vos pieds, Princesse, l'hommage de mon respectueux attachement.

1. Voir *Nouveaux Lundis*, tome IX, le *Discours sur les prix de vertu,* lu par M. Sainte-Beuve à la séance annuelle de l'Académie française le 3 août 1865. — Il commençait à le préparer.

CXII

Ce 26 juin.

Princesse,

J'ai vu M. de Calonne, qui a été bien reconnaissant de l'accueil et de l'attention qu'il a obtenus de Votre Altesse. L'attention ! c'est la chose la plus rare, la plus précieuse souvent à obtenir. Dans le cas présent, si le ministre écoute et veut bien y songer, il reconnaîtra :

Que détruire ce qui essaye de se fonder depuis dix ans est le parti le plus court, non le meilleur ;

Que ne laisser subsister qu'une seule et unique Revue, c'est en quelque sorte consacrer le monopole qu'elle affecte déjà ;

Que, si bien faite que soit cette autre Revue, elle n'est pas aux mains des amis ; qu'il y a quantité de sujets qui ne sauraient y être traités qu'à un point de vue opposé à celui du gouvernement ;

Que réduire les écrivains amis du gouvernement et qui ont un travail un peu étendu à publier, à n'avoir pour asile que le foyer même de l'adversaire, c'est les décourager, leur rendre la tâche impossible, déclarer en quelque sorte qu'il n'y a pas d'école gouvernementale possible, qu'il n'y a que l'opposition, et que bien sot est celui qui ne choisit pas ce cadre, etc., etc.

Pareille chose a eu lieu dans l'instruction publique. M. Duruy à son début a agi absolument comme s'il y avait eu dans l'État un changement par en haut du tout au tout.

Et les choses vont pourtant, et le pavillon est glorieux et flottant, et la marche presque triomphale ; mais, pour qui voit de près et réfléchit, que de remarques qui font naître le sourire de l'ironie ! — Il faut se dire que presque de tout temps il en a été ainsi.

Cette session s'éternise : le soleil est de plus en plus ardent. On a des besoins de calme, de fraîcheur, d'eau vive et de fontaine. — Je vais ce soir entendre pour la première fois *l'Africaine :* voilà un singulier remède. Nous aussi, simples humains, nous commettons nos petites absurdités.

Je m'oublie à raisonner et à déraisonner,

Princesse ; à mercredi, une heure de fraîcheur. Je mets à vos pieds l'hommage de mon respectueux et fidèle attachement.

CXIII

7 juillet.

Princesse,

Quoi qu'on puisse dire, j'étais hors de combat hier encore : l'orage m'a averti que tout simplement je suis un baromètre. Heureux ceux qui, comme ce jeune M. Lebrun, se moquent du soleil et font la pluie et le beau temps! Je l'enviais hier en le voyant si allègre et si alerte au départ.

Sacy a été un messager de Votre Altesse, des plus aimables et des plus pathétiques.

Mais je croyais, Princesse, que vous aviez lu ces livres de MM. Erckmann-Chatrian. Je m'étais même avancé jusqu'à dire à ce dernier, M. Chatrian, que Votre Altesse le verrait avec plaisir. J'étais bien un peu étonné que *le Conscrit de 1813* eût passé si coulamment ; mais je m'étais dit que la Princesse prise le talent et la vérité avant tout. Ce M. Chatrian est très-bien et, attaqué à fond, il aurait de quoi se défendre : il est de Phalsbourg même, et ce premier roman doit être une réalité.

Renan est revenu avec une teinte de soleil, et amoureux d'Athènes.

Le Sénat travaille à force, j'ai l'air de m'en mêler.

Je mets à vos pieds, Princesse, l'hommage de mon respectueux et tendre attachement.

CXIV

Ce mardi soir et mercredi matin.

Princesse,

J'éprouve ce soir et j'ai eu toute la journée une fatigue extrême que j'attribue à la chaleur; je crains de ne pouvoir demain suffire à la journée, et je vous prie de m'excuser si je ne suis pas arrivé pour l'heure du dîner. C'est que je n'aurai pu. Je m'effraye un peu de cet accroissement de paresse de corps. Il semble que je n'ai plus désormais pour partage après quelques heures de travail qu'un repos inerte. Aujourd'hui, je voudrais faire acte de présence au Sénat, où vient M. Rouher et où il se discute une question intéressante. Cette sortie dans le milieu de la journée va me compter déjà comme un excès.

Princesse, je m'oublie à vous conter mes ennuis au milieu du contentement même que vous m'avez fait. J'irai me dédommager dans un des derniers jours de la semaine où je me sentirai plus dispos.

Je mets à vos pieds, Princesse, l'hommage de mon respectueux attachement.

Pardon, j'avais commencé cette lettre hier soir, et je l'avais interrompue en me disant que la nuit me reposerait : point. — On brûle ici dès le matin.

CXV

Ce lundi 31 juillet.

Princesse,

On est heureux de vous savoir de retour : la semaine à Paris a paru longue. Je l'ai presque toute passée, couché et allant de mon canapé à ma table de travail et revenant souvent au lit de repos.

Je n'ai pas vu M. Giraud, que je crois bien en course et inspection.

Vous serez revenue, j'espère, avec surcroît de vie, de joie, de santé morale et autre.

Si vous me le permettez, j'arriverai mercredi un peu avant l'heure du dîner, et je vous demanderai d'écouter en tête-à-tête pendant une demi-heure ce discours du lendemain [1].

Je suis tout à vous, Princesse, avec des sentiments de reconnaissance et de respectueux attachement.

CXVI

Ce 4 août 1865.

Princesse,

Vous êtes la bonté même. Je passe par dessus les scrupules et j'écris à Mme C... votre bonté.

---

1. Le *Discours sur les prix de vertu,* dont il vient d'être question, page 155.

Elle mérite de vous en savoir tout le gré ; elle a du cœur, et, quoiqu'un peu grossière et violente, elle a du bon et votre action la touchera pour la vie [1]...

Revenons à *la vertu*. Hier, les choses se sont bien passées : je suis sorti de ce défilé sans encombre. Malgré tout, Princesse, je n'ai pu vous regretter, car vous auriez eu de l'impatience et de l'ennui à certains moments. Toute la séance, d'ailleurs, a été de bonne compagnie.

Ce grand Carthaginois Flaubert est le meilleur cœur qui existe; ce doit être une grande douleur pour lui, car il aime cette nièce presque paternellement [2].

J'écris à Mme Taine pour avoir le renseignement précis. Je vous l'enverrai, dès que je l'aurai.

Daignez agréer, Princesse, l'hommage de mon tendre et respectueux attachement.

---

1. Mme C... crut devoir refuser les présents de la princesse : elle n'avait sollicité qu'une indemnité littéraire du ministère d'État.

2. Allusion à un deuil de famille que venait d'éprouver M. Gustave Flaubert.

CXVII

Ce 5 août.

Princesse,

Voici la note que je reçois à l'instant de la mère de Taine.

Vous êtes une providence à tous; vous parlez et vous agissez.

La circulaire de M. de la Valette est bien. — Mais pourquoi s'en va-t-il à la veille du 15 août ? Il évitera ainsi bien des sollicitations, bien des ennuis ; mais est-ce que les ministres ne sont pas faits pour écouter tout le monde, pour être ennuyés ? — On en prend trop à son aise. Le maître est trop débonnaire à l'intérieur.

Je suis à en finir avec le Louis XV et le Noailles[1] : quel triste siècle en politique que ce siècle-là !

Je vous offre, Princesse, l'hommage de mon tendre et respectueux attachement.

---

1. Voir l'article des *Nouveaux Lundis*, t. X, sur la *Correspondance de Louis XV et du maréchal de Noailles* (31 juillet 1865).

CXVIII

Ce 6 août.

Princesse,

Le discours est simple et parfait. Il n'y a que deux points où je voudrais une retouche.

L'expression *ternissent la vie*, est belle et juste, mais le mot d'*écueils* qui suit immédiatement n'y a pas de rapport ni d'analogie. Il y a aussi des règles pour l'art du style. Deux images disparates ne sauraient se rapprocher, fussent-elles justes chacune à part; je propose donc le mot d'*ennuis* au lieu d'*écueils*, et je mettrais plus loin l'idée d'*écueils*, sous la forme moins physique de *périls*. Ainsi le mot *ternir*, qui est beau et vrai, a tout son effet, et rien ensuite ne vient le contrarier et le déjouer.

— Un autre point : les *lauriers* sont un peu brusques et ne sont pas amenés suffisamment. J'aime assez ces *lauriers*, puisqu'il s'agit de filles de la Légion d'honneur[1]; mais je propose de les

---

1. Le discours devait être prononcé à la maison d'Écouen.

amener et d'ajouter une ligne qui serait comme un degré d'escalier par où l'on arriverait en haut sans avoir trop à enjamber d'un seul coup. — Vous voyez, Princesse, comme je fais le pédant et le *maître à écrire* dès qu'on me met à même ; j'étais né pour être professeur de rhétorique, et j'ai manqué véritablement ma carrière en me dissipant. — Vous, vous avez la simplicité des esprits justes et qui sied à la race des grands. Aussi vous demandai-je pardon d'avoir intercalé de mon écriture sur ce papier, et je voudrais que vous ne prissiez mes indications que comme un avertissement pour y mettre du vôtre.

Je vous prie de recevoir, Princesse, l'expression de mon respectueux attachement.

CXIX

Ce 11 août.

Princesse,

Vous êtes aimable de penser à moi : l'attention m'est chère, même lorsque je n'en puis user. Je me trouve avoir invité pour samedi deux amis à dîner au restaurant, et je ne pourrai être libre que vers dix heures. Ce serait un peu tard. Je ne saurai donc le résultat que par la voix publique. Ces premières représentations sont parfois embarrassantes. Est-ce que Votre Altesse connaît déjà la pièce [1] ? Vous l'a-t-il lue ? Je suis homme à rôder autour du théâtre, et même à y entrer tout à la fin, s'il y a bouquet et succès.

J'ai causé un peu l'autre jour avec M. de la Valette. Il a évidemment des projets pour la reconstitution de la presse du gouvernement. M. de Calonne et sa Revue m'ont paru condamnés sans retour dans son esprit. En l'écoutant et en entrevoyant les remaniements auxquels sera sans doute soumise cette presse du gouvernement, je me félicitais tout bas de ne plus être à bord qu'en amateur, de ne plus dépendre, corps et âme, de ces vicissitudes de volonté, et je

---

1. La première représentation de la pièce de M. Émile de Girardin, *les Deux Sœurs,* devait avoir lieu le samedi 12 août 1865.

remerciais qui m'avait fait cette sécurité et ces loisirs.

Je mets à vos pieds, Princesse, l'hommage de mon tendre et respectueux attachement.

CXX

Ce 26 août 1865.

Princesse,

Voici une nouvelle occasion d'exercer votre influence salutaire et votre esprit de justice.

Une place est vacante à l'Académie des sciences par la mort de M. Valenciennes ; il s'agit de nommer un anatomiste. L'homme le plus capable, le plus en avant dans la science, un *découvreur*, c'est M. Robin, professeur à l'École de médecine, un ami de Rayer, un ami de Claude Bernard, de Taine, un vrai philosophe sous forme physiologique, un des savants qui font le plus d'honneur à la France à l'étranger.

Or, M. Robin, parce qu'il est un savant pur et sans concession, a contre lui les Milne Edwards, les Quatrefages, ce dernier resté protestant et biblique, même quand il fait de la science, et l'autre qui tient à ce que ses traités d'histoire naturelle soient approuvés de l'archevêque.

Bref, il s'agit, Princesse, d'acquérir à M. Robin, non pas les impossibles, mais les possibles, à savoir M. Chevreul et M. Serres, sur qui l'on dit que Votre Altesse a du crédit. Bertrand est pour lui. — Taine aura l'honneur de vous écrire : je prends les devants.

J'ai l'autre jour été frappé de l'état du petit malade : va-t-il mieux enfin ? On se prend à aimer cette charmante famille où ce sang des Bonaparte se reconnaît et coule sinon dans toute sa force, du moins avec un éclat charmant et doux.

Daignez agréer, Princesse, l'hommage de mon tendre et respectueux attachement.

CXXI

Ce 4 septembre.

Princesse,

Je prends décidément le titre, comme la position, de solliciteur général auprès de Votre Altesse.

Vous devinez pour qui : L..., au fond, est pauvre ; il n'écrit tant que parce qu'il a besoin de vivre de sa plume. Il se résignera, s'il le faut, à passer l'hiver à la campagne, pour s'épargner un déplacement toujours coûteux. Ce secret de bien des choses, il me l'a dit, et il l'a également confessé à vous, Princesse, en demandant votre appui.

Cet appui est pour arriver à être employé auprès de M. Walewski. Ma pensée sur L... est que c'est un garçon excellent, — pas légitimiste au fond, comme vous semblez le penser, Princesse : — il a seulement des goûts, des inclinations vers ce genre de *littérature* ; ce n'est chez lui que littérature, et nullement de la politique. Il peut donc, très-sincèrement, servir dans le régime ; il est un peu cousin de M. Rouher ; il est exubérant comme écrivain, mais spirituel, et cette exubérance, il l'a aussi dans le cœur : il est, je le crois, capable d'un surcroît de reconnaissance. Je l'éprouve moi-même, qui n'ai eu pour lui que des bontés très-mélangées.

Soyez-lui donc bonne et propice, vous la Notre-Dame de Saint-Gratien, qui savez proportionner votre genre de bonté à la situation et au caractère de chacun. J'ose croire que vous ne vous en repentirez pas.

La santé est-elle revenue à *Catinat* [1] ? il me semble que, dans tout ce rayon alentour, il ne doit y avoir que joie, force, santé du corps et de l'esprit.

Daignez agréer, Princesse, l'hommage de mon respectueux et tendre attachement.

Mérimée est de retour; il m'a dit qu'il irait pour avoir l'honneur de vous voir mercredi.

CXXII

Ce 8 septembre 1865.

Princesse,

Quoi ! cette soirée commencée sous de si heureux auspices et où l'on n'apercevait au plus que quelques éclairs de chaleur, s'est terminée

---

1. C'est le nom donné à la résidence du maréchal Catinat, à Saint-Gratien, devenue la propriété de la Princesse.

orageusement! Je fais tout, quand je rencontre un de ces abbés un peu polis, pour l'apprivoiser, pour lui persuader qu'il n'y a pas lieu de se choquer. C'est donc en vain : on n'y réussit pas.

Je suis bien peu en mesure, Princesse, auprès de M. Walewski. Imaginez que j'ai, il y a plus de vingt ans, dans la *Revue* de Buloz, critiqué — oui, critiqué de ma plume sa comédie de *l'École du monde!* De plus, j'ai quitté *le Moniteur* pour *le Constitutionnel*, lui étant ministre d'État et gouvernant *le Moniteur*. Il en a été choqué alors, malgré toutes les politesses que j'y ai mises, jusqu'à ne pas vouloir de mon nom dans une Commission de Propriété littéraire qui se formait à son ministère. Il dit *non* à Camille Doucet, qui me proposait. Des années ont passé déjà là-dessus, mais ce ne sont point des titres à être un bon *recommandeur*. — Si vous le voulez, toutefois, Princesse, ainsi avertie que vous êtes, j'écrirai.

—J'ai reçu hier d'un malheureux homme une lettre qui a un caractère particulier et poignant. Je verrai demain l'individu. S'il me paraît tel que sa lettre me l'a fait entrevoir, je solliciterai peut-être pour lui la charité (c'est le mot) de Votre Altesse.

Je vous prie de vouloir bien agréer, Princesse, l'hommage de mon respectueux et tendre attachement.

M. Pasteur avait fait dans *le Moniteur* de lundi un bon article sur Lavoisier.

CXXIII

Ce 11 septembre 1865.

Princesse,

Zeller est venu me voir vendredi soir et me conter le cas, la lettre de Votre Altesse l'aura tout à fait réconforté. Il ne concevait rien à cet éclat subit de l'abbé, d'ordinaire plus doux ou plus insignifiant. — Ce vœu de Mme Ségalas était tout naturel : avoir l'honneur de vous connaître et d'être connu de vous est la récompense de bien des esprits et des cœurs : vous aimez, vous pratiquez les mêmes choses qu'aiment les intelligences et les artistes. Ils visent donc à vous ; vous êtes aimable de vous laisser atteindre.

Le projet de M. Duruy prend corps : cela peut devenir une grande chose. Je suis chargé de demander à Taine de se charger de l'un des rapports. Je ne serais point fâché, Princesse, que *cela passât par vous.* Il s'agit de lui demander de traiter des *rapports de la littérature française et des littératures étrangères,* et de *l'influence de ces dernières sur la nôtre depuis quinze ans.* Un joli chapitre à écrire et où il serait maître. Il serait peut-être temps aussi, en félicitant M. Duruy de sa pensée élevée [1], de causer avec

---

1. M. Sainte-Beuve déclina bientôt toute part de collaboration à ce projet, et il en donne ses motifs dans la lettre suivante, adressée à M. Duruy :

« Ce 9 décembre 1865.

» Monsieur et cher Ministre,

» Permettez-moi, pourtant, de vous dire que, depuis le jour où vous m'avez fait l'honneur de me parler de ce rapport sur l'état de la littérature depuis quinze ans, la chose a presque totalement changé de point de vue et de face.

» La première idée que vous m'avez présentée s'était imposée à moi par son étendue, par sa grandeur et je dirai son originalité. Mon esprit y est entré à l'instant, vous avez pu le voir, avec plaisir et même avec zèle.

» Depuis ce temps, à chaque exposé nouveau qui a été fait

lui des *beaux-arts*. Il en a parlé à Mérimée, qui est tout naturellement choisi comme sénateur académicien. Mais Mérimée, qui a peu de goût pour les idées générales, voudrait bien se borner à de simples notes. J'ai indiqué comme conseiller utile Viollet-Le-Duc. J'ai nommé Saint-Victor

en public de l'idée modifiée, il m'a été difficile et finalement impossible de la reconnaître, non-seulement dans la forme, mais pour l'esprit.

» *Le beau, le bien, le vrai,* est une belle devise et surtout spécieuse. C'est celle de l'Enseignement, celle de M. Cousin dans son fameux livre : ce n'est point la mienne, oserai-je l'avouer? Si j'avais une devise, ce serait *le vrai, le vrai* seul; — et que le beau et le bien s'en tirent ensuite comme ils pourront!

» Prétendre étudier la littérature actuelle au point de vue de la *tradition,* c'est l'éliminer presque tout entière. C'est en retrancher l'élément le plus actuel, le plus vital, celui qui lui fera peut-être le plus d'honneur dans l'avenir.

» Si j'avais un rapport à faire, il me serait impossible, sans me mentir à moi-même, de ne pas contredire une telle idée que j'ai toujours, soit directement, soit indirectement, combattue.

» Les *doctrines philosophiques,* dont le rapport doit accompagner celui des Lettres, seront évidemment traitées dans le sens spiritualiste pur, qui est le plus opposé à mes tendances. Il n'y a plus dans la combinaison actuelle le contre-poids de certains noms très-significatifs que j'aurais désirés et que Votre Excellence elle-même avait paru accueillir.

» Je ne puis vraiment espérer d'enflammer au nom de l'idée

comme l'un des rapporteurs essentiels. Là où il y aurait à décrire et à inventorier, on pourrait trouver un chapitre ou une division pour Théophile Gautier.

Mais enfin, Princesse, pensez tout doucement

ainsi totalement modifiée, des hommes du courant comme Champfleury et Monselet, etc.

» Tout a donc changé d'aspect ; et je ne vois dans la situation que trois hommes très-capables de faire tout à fait bien et en toute conscience un tel rapport.

» Ce sont — ou M. Nisard, — ou M. Caro, — ou M. Paul Janet.

» Les auxiliaires, dans cette supposition, pourraient être ou Merlet, ou M. de Mouy, ou M. Claveau, ou Saint-René Taillandier plus considérable. Et ce n'est point par dédain que j'indique ces noms, mais c'est par leur analogie avec l'idée et avec la doctrine qui doit dominer.

» Quand il n'y avait que des sénateurs rapporteurs, la tâche m'incombait presque inévitablement : je ne pouvais en quelque sorte m'y dérober. Aujourd'hui, en acceptant un travail dont l'esprit m'est presque contraire et dont les éléments, comme je l'entendais, me manqueraient, je semblerais aller au-devant d'une palinodie et d'une contradiction avec moi-même, — aller, sans y être obligé, au-devant d'un écueil.

» Excusez-moi donc, Monsieur et cher Ministre, si je résigne l'honneur que vous vouliez me faire ; mais plus j'y ai réfléchi, plus l'impossibilité m'est apparue.

» Veuillez agréer l'expression de mes sentiments respectueux et dévoués,

» SAINTE-BEUVE. »

à en causer un matin avec M. Duruy et à le faire causer sur cette branche qui est le rameau d'or et qui est vôtre.

A mercredi. — Je mets à vos pieds, Princesse, l'hommage de mon tendre et respectueux attachement.

Je vous parlerai mercredi, Princesse, du malheureux auquel j'ai fait allusion dans une lettre précédente.

CXXIV

Ce jeudi matin.

Princesse,

Une visite que j'avais hier au moment où je partais pour Saint-Gratien m'a fait oublier de prendre avec moi mes papiers et pièces.

Voici d'abord la lettre de ce malheureux ancien officier : il m'a paru digne d'être aidé ; il a le sentiment profond de sa faute, du peu de droit qu'il a de réclamer ; — enfin il est des *jeunes détenus* qui sont moins dignes d'intérêt que lui.

Je joins aussi la lettre de Zeller toute à l'adresse de Votre Altesse et reconnaissant de ce que, dans ce combat inégal, les déesses et la justice se soient déclarées pour lui.

Vendredi, je serai dans l'après-midi à l'Exposition vers l'heure où je pense que vous y serez, Princesse, — vers deux heures, n'est-ce-pas? — Je m'en fais une fête.

Veuillez agréer, Princesse, l'assurance de mon tendre et respectueux attachement.

CXXV

Ce dimanche.

Princesse,

J'ai rempli votre commission de bienfaisance, dès le lendemain de mon *Saint-Gratien*. L'homme est venu pendant mon dîner, et je n'ai pu que lui dire deux mots : j'ai reçu de lui le lendemain une lettre que je tiens à vous montrer, parce qu'elle exprime des sentiments qui lui font honneur. Il n'a pu se retenir de remercier Votre

Altesse, et vous voudrez bien pardonner ce remercîment ému, qui n'est que de *ricochet*. Vous le savez, Princesse : le complément et le couronnement de la bienfaisance est de ne pas tout à fait se soustraire à la reconnaissance de l'obligé. — Je porterai les deux dernières lettres de ce pauvre repentant et reconnaissant, mercredi, à Saint-Gratien.

Vous aurez peut-être lu la dernière circulaire de M. de L... sur la presse en province. Il a là fort à faire. Il y a un désordre infini. L'indulgence l'accroît, de même que la répression l'irrite. Cette nation n'est pas raisonnable. Les mêmes hommes qui seraient les plus attrapés du monde si l'on allait là où ils nous poussent, et qui y ont été attrapés déjà, recommencent le même jeu : ces imprudences semblent incurables chez nous. Nous nous payons de mots. Quand un mot d'ordre est trouvé et qu'il résonne assez bien à l'oreille et à l'imagination, chacun le répète, et cela devient un cri qu'on dit celui de la nation et de l'opinion. Peuple léger, peu sûr que le nôtre, et qui n'est qu'agréable. — Je m'aperçois, Princesse, que c'est dimanche et que, si je ne m'arrête, je vais faire une homélie.

Je mets à vos pieds, Princesse, l'hommage de mon tendre et respectueux attachement.

CXXVI

Ce 21 octobre 1865.

Princesse,

Je n'ai pas oublié votre gracieux désir sur *Christel*[1] *:* la voilà. C'est trop court pour une nouvelle, ce devait d'abord être un petit poëme en vers. Telle qu'elle, elle se met à vos pieds. Mon ambition serait que cela parût vrai : tout est invention.

Avec mille hommages de respect et de dévouement.

---

1. C'est une nouvelle de M. Sainte-Beuve, recueillie dans ses *Portraits de Femmes.*

CXXVII

Ce 28 octobre.

Princesse,

D'après la permission que vous m'en avez donnée, j'écris à M. de L... Je lui dis qu'en vous lisant sa lettre, vous avez eu un mouvement que j'ai remarqué et qu'ayant prié Votre Altesse de s'expliquer, vous m'avez témoigné que vous désireriez être pour lui comme un de ses *libraires*, mais un libraire moins exigeant et qui ne réclamerait le livre qu'à loisir et à la convenance de l'auteur. J'y joins mes propres insinuations. J'aurai l'honneur de vous informer de sa réponse aussitôt que je l'aurai reçue.

Voici la note de ce pauvre M. Milbert[1] : remise par vous et envoyée au ministre, elle a chance, sinon de lui obtenir précisément la place qu'il indique, du moins de faire prendre en considé-

---

1. M. Milbert, fils du voyageur de ce nom et modeste employé du ministère de l'intérieur, dont il a été déjà parlé dans les *Souvenirs et Indiscrétions* (page 145).

ration sa situation et de la faire régulariser.

Toutes ces bontés de votre part sont tellement dans le cours de votre vie et de vos inclinations, que l'on songe à peine à vous en remercier.

Je suis, Princesse, avec tout l'attachement que vous savez, votre respectueux et dévoué.

Mais M. S... est un homme charmant, il fait aimer l'art.

CXXVIII

Ce 31 octobre.

Princesse,

Je recevais votre bonne lettre d'hier et j'allais écrire à L..., lorsqu'on m'apporte votre lettre de ce matin. Je vous remercie de tout : obliger les honnêtes gens est un bonheur. Vous me le rendez facile...

J'aurai à remercier M. de la Valette, si gracieux en effet.

A demain mercredi, je vous reporterai la lettre

du marquis, dont je tiens à montrer la phrase à mon brave homme.

Je suis tout à vous avec tout l'attachement respectueux que vous savez.

CXXIX

Ce 7 novembre 1865.

Princesse,

Oui, j'aurai l'honneur d'être à neuf heures à mon vieux voisin l'Odéon, ma paroisse, où je ne vais guère plus qu'à l'autre : c'est Votre Altesse qui me fera faire cet acte de dévotion extraordinaire en l'honneur de Musset[1].

Aussi bien Musset est le saint du jour et j'ose dire que les *Chansons des Rues et des Bois* ne le diminuent pas.

Daignez agrér, Princesse, avec mes remercîments, l'assurance de mon respectueux attachement.

---

1. On donnait ce soir-là à l'Odéon la première représentation de *Carmosine*.

CXXX

Ce 10 novembre 1865, vendredi.

Princesse,

Voici les éléments d'un nouveau bienfait. La jeune fille Marie C..., dont est ci-joint l'acte de naissance, née en 1848, a par conséquent dix-sept ans. Elle est bien élevée, par une mère modeste et distinguée. Elle a pris des leçons de M. W..., maître très-habile, mais la famille n'a pu suffire au prix élevé des leçons. Elle a un vif désir, la pauvre enfant, de venir un jour en aide aux siens : rien n'égale son ardeur. Elle est bien de sa personne, et intéresse par sa candeur. Il paraît que sa voix est belle et de nature à faire une musicienne *vocale*. Tel paraît être le jugement de M. W..., ce maître rébarbatif, et tel a été le pronostic ou diagnostic de Roger, qu'on a consulté et qui l'a entendue.

C'est donc une destinée de plus que vous mettrez dans le sens de sa vocation et à même de se développer, Princesse. A mesure qu'on vous connaît davantage, il semble qu'on s'enhardisse et que l'on sente qu'une occasion de plus qu'on vous offre de faire du bien n'est pour vous qu'un nouveau plaisir et une satisfaction naturelle.

J'espère avoir, demain soir, l'honneur de vous aller saluer.

Daignez agréer, Princesse, l'assurance de mon respectueux attachement.

CXXXI

Ce samedi.

Voilà un homme heureux, et vous y mettez tout, Princesse, le fond et la forme, la promptitude, la grâce. Je suis bien tenté de faire comme M. Giraud et de fléchir les deux genoux !

A ce soir, j'aurai l'honneur de vous aller remercier.

Agréez, Princesse, l'assurance de mon respectueux attachement.

CXXXII

Lundi.

Princesse,

Encore une affaire qui réussit, une heureuse personne qui vous devra tout. Je vais faire en sorte que la jeune personne soit demain, à l'heure dite, chez Auber, qui ne pouvait qu'être aimable, puisque Votre Altesse le voulait ainsi.

Je suis à vous, Princesse, avec l'attachement le plus tendre et respectueux.

CXXXIII

Ce mardi 14.

Princesse,

Je vois la jeune personne qui a été accueillie, ce matin, par M. Auber en toute bienveillance. Il paraît qu'il a été content de la voix, qui est un *soprano*. La jeune personne entre *dès demain* dans une classe de solfége, au moyen de quoi on la faufilera dans une classe de chant : ainsi la règle rigide sera éludée.

M. de Beauchesne doit l'enregistrer dès demain matin : je viens donc prier Votre Altesse de me faire *renvoyer l'acte de naissance*, s'il est encore entre vos mains. Que de soins! vous ne vous lassez d'aucun de ces détails qui mènent au bien. Merci encore, Princesse : je mets à vos pieds mon tendre et respectueux hommage.

CXXXIV

Ce lundi.

Princesse,

Il me sera même agréable de dîner mercredi avec M. Duruy, avec lequel je suis rentré en rapports assez habituels et tout amicaux.

Et puis chez vous, et sous vos auspices, Princesse, tout est facile et sourit.

Je suis avec bien du respect et de l'attachement votre

SAINTE-BEUVE.

Mme Charpentier est une femme distinguée et modeste ; elle est dans la reconnaissance.

CXXXV

Ce lundi 20 novembre.

Princesse,

Je n'étais pas seul ce matin lorsque j'ai eu l'honneur de vous répondre : j'avais près de moi un philosophe qui m'exposait tout un système de métaphysique et d'explication universelle en *huit points*. J'ai bien pu en répondant oublier quelque mot ou glisser quelque sottise.

Il n'y a pas du tout de *nuance* dans ce que j'ai répondu au sujet de M. Duruy, et vraiment j'aurai *plaisir*, dans les termes où je suis actuellement avec lui, à le rencontrer.

Je me suis enhardi, j'ai écrit à M. Pasteur la lettre que voici [1]. Je demande pardon à Votre

---

1. Voici la lettre de M. Sainte-Beuve à M. Pasteur :

« Ce lundi (20 novembre 1865).

» Cher monsieur,

» Me permettrez-vous d'être indiscret et de venir vous solli-

Altesse d'y avoir mêlé son nom, mais cela est efficace.

Je mets à vos pieds, Princesse, l'assurance de mon respectueux et tendre attachement.

CXXXVI

Ce lundi matin 30.

Princesse,

C'est presque le secrétaire des commandements de Votre Altesse qui vient vous rendre compte.

citer en faveur de M. Robin, dont je sais que vous appréciez les travaux ?

» Peut-être M. Robin n'est-il pas de la même école philosophique que vous ; — mais il me semble, — autant que je puis juger de ces choses étrangères, — qu'il est de la même école scientifique, expérimentale.

» S'il différait essentiellement par un autre côté, — un côté métaphysique ou non métaphysique, — ne serait-il pas bien et beau à un vrai savant de ne tenir compte que des travaux positifs? — rien de plus, rien de moins.

» Pardonnez-moi : j'ai tant souffert de l'injustice où j'ai vu c rtains organes de la presse à votre égard, que je me suis demandé quelquefois s'il n'y avait pas un moyen tout simple de réfuter ces sottises, de faire tomber dans l'eau tous ces sots et méchants propos. Vous êtes seul juge; mais, si M. Robin mérite d'être de l'Académie des sciences, pourquoi n'en serait-

Voici ci-jointe une lettre de M. de L... très-noble, très-digne, et, ce me semble, qui lui fera honneur dans votre esprit et dans votre cœur.

Je suis à vous, Princesse, avec un attachement respectueux.

CXXXVII

Ce mardi 21.

Princesse,

Que voulez-vous! ils sont de l'école, ils ne

il point par vous? — C'est comme quand Littré s'est présenté à l'Académie française, ceux qui l'en ont cru digne ont eu tort, je le crois, de ne pas lui donner la main. Les sciences ont droit, ce me semble, d'être, en de tels cas, encore plus indépendantes que les lettres. La science ne voit que la science. — Mon sentiment de gratitude envers vous, pour ces bonnes quatre années où vous m'avez fait l'honneur de me donner un auditeur tel que vous (*du temps que M. Sainte-Beuve était maître de conférences à l'École normale*), mon sentiment d'amitié, j'ose dire, m'emporte peut-être un peu loin!

» Je voulais, l'autre jour, vous dire quelque chose de cela chez la Princesse : elle m'y avait presque autorisé et engagé. Je suis plus hardi aujourd'hui la plume à la main.

» Encore une fois, cher monsieur et que je m'enorgueillis de pouvoir appeler savant confrère, excusez-moi et croyez à tous mes sentiments de la plus haute estime et de dévouement. »

savent pas vivre, c'est-à-dire ils ne savent pas se faire plaisir à eux-mêmes. Plus on a d'évêques (je n'ose plus dire : et de sénateurs), plus on a besoin de se distraire et de causer de ce qui délasse.

Il y a à l'Académie des sciences un petit tour de rouerie que m'expliquait hier M. Berthelot : c'est de retarder indéfiniment l'élection, dont les chances sont pour le moment des plus favorables à Robin. Je disais tout à l'heure : *Oh! les universitaires!* — je suis tenté de dire maintenant : *Oh! les savants!*

Il n'y a qu'une manière, qui est la bonne, Princesse : c'est de n'être rien de tout cela ou d'être tout cela, mais d'être surtout des vôtres et de savoir apprécier les grâces et les sourires de la vie.

Avec bien du respect et de l'attachement.

CXXXVIII

Ce lundi matin.

Princesse,

J'ai été, tous ces soirs, dans de grandes fatigues de tête qui m'ont privé d'avoir l'honneur de vous aller saluer : j'avais pourtant, ce me semble, mainte et mainte chose à vous dire.

D'abord, j'ai oublié de vous faire remarquer qu'aucune trace de votre passage, en cette charmante visite, dont vous m'avez honoré dans cette chambre pleine de vous et de vos dons, n'a été perdue, et Troubat, en s'asseyant à sa place le lendemain matin, s'est écrié : « Mais qui donc s'est assis là et a écrit : *Voilà une bonne plume?* » Il s'est emparé de l'autographe, et il se pique d'honneur : depuis ce jour-là, il écrit plus magnifiquement que jamais [1].

---

1. M. Sainte-Beuve dictait presque toutes ses lettres à son secrétaire, mais il ne lui dictait pas les lettres à la Princesse, à l'exception de deux ou trois, vers la fin dans lesquelles il s'en

M#### C... est venue me voir avec sa fille; la pauvre dame a encore mal au genou et ne peut monter d'escalier; elle a bien hâte cependant de présenter à Son Altesse sa gentille protégée, qui est très-bien en effet. — Il y a quelques années, quand l'OEuvre des jeunes filles incurables fut fondée, des vers furent adressés à la Princesse fondatrice et présentés par M#### de Villas; ces vers étaient de M#### C... *elle-même*, qui en a reçu dans le temps un remercîment par le secrétaire des commandements. Elle ne m'a parlé de cette circonstance que dans cette dernière visite. Si Votre Altesse ajoute à toutes ses bontés l'attention de vouloir bien la recevoir au

---

excuse, et que la maladie l'empêchait d'écrire lui-même. — On a dit que le secrétaire avait la *main* de son maître : l'habitude avait produit ce phénomène. Il y avait eu à la longue, entre les deux écritures, une ressemblance acquise et comme un air de famille, qui disparaissait quand on les confrontait l'une avec l'autre. Mais le secrétaire n'était que le porte-plume de son maître. M. Sainte-Beuve relisait ses lettres, les signait toujours lui-même, grattait les virgules ou les accents inutiles (il se plaignait surtout, quand il dictait, d'une ponctuation trop marquée et d'un abus d'accents graves : il aimait qu'on adoucît la prononciation); il recopiait ou faisait recopier pour éviter une rature : il avait toutes les attentions, toutes les délicatesses et coquetteries du style.

rez-de-chaussée, le moment de cette présentation qu'elle désire fort sera aussitôt que vous le permettrez.

Dans une conversation, déjà assez ancienne, que j'ai eue avec M. de L..., il m'a bien expliqué sa position, pour la dire, à l'occasion, à Son Altesse. Il n'est pas pauvre, au pied de la lettre, en ce sens que sa plume lui rapporte à peu près par an dix mille francs, mais c'est à force de besognes et de travaux de commande. Il ne voudrait pas d'une position administrative ou de bureau qui lui prendrait tout son temps et le confisquerait : il n'y aurait nul avantage. Il insiste sur cette position de *secrétaire rédacteur* attaché à la *Présidence,* qui lui laisserait la liberté des intervalles de session. On pourra, cet hiver, revenir à la charge auprès de M. Walewski, qui sera peut-être flatté d'avoir un écrivain assez connu dans son personnel.

Vous voyez, Princesse, combien j'entre dans toutes les intentions de votre bonté. — J'en viens à moi-même :

Il y a une lacune dans les volumes que je publie ; je n'ai jamais recueilli ce *Portrait de la*

Princesse, qui n'a paru que dans un journal : je voudrais bien le mettre à la fin de mon cinquième et prochain volume des *Nouveaux Lundis* comme bouquet [1]. J'espère que vous n'y verrez aucun inconvénient. Que ne puis-je mettre à la suite les deux pages charmantes du *contre-portrait* que j'ai reçues à cette occasion, le lendemain même ! On y verrait que la plume vous va comme le pinceau.

Enfin, il y a une promesse précieuse, c'est que l'année ne finisse pas sans que la petite maison ait eu sa fête, d'un dîner à cinq ou six au plus, que vous voudrez bien me faire l'honneur de présider. C'est à vous, Princesse, à prendre le moment qui vous dérangerait le moins, à daigner le fixer, ainsi que le choix des convives ; il n'y en a que deux de possibles, en sus des convives habituels, le nombre six étant de rigueur sous peine d'étouffer.

Que de questions ! que de demandes à la fois ! Je n'irai peut-être que demain soir, mardi, sa-

---

1. Il a été recueilli, — comme on a eu l'occasion de le dire plus haut (lettre du 2 juillet 1862), — dans le tome XI des *Causeries du Lundi*.

voir la réponse à celle de ces questions, du moins, qui me tient le plus à cœur.

Je suis à vous, Princesse, avec tout le respect et l'attachement que vous savez.

CXXXIX

Ce samedi 2.

Princesse,

Voici une *Revue*[1] curieuse. Toute l'affaire des Lettres de Marie-Antoinette est traitée à fond par l'auteur allemand, M. de Sybel, qu'on avait lui-même traité ici sous jambe. Il paraît bien que le pot aux roses est découvert et que les originaux montrés par M. d'Hunolstein et soumis à des experts ont été reconnus faux. Qu'en va dire notre Feuillet?...

Il paraît que Mme Sand part le 9 pour Nohant, d'où elle ne reviendra pas avant une quinzaine. J'aurais bien désiré que l'entrevue pût avoir lieu plus tôt, puisque cette entrevue doit être pour moi un honneur et une fête.

1. *Revue moderne* du 1er décembre 1865.

J'oserai aller demain, cinq heures, à la présentation de la fille de ***...

Je mets à vos pieds, Princesse, mes hommages et l'expression de mon respectueux attachement.

CXL

Ce dimanche.

Princesse,

Je me suis empressé d'écrire un mot à M. de L... pour l'avertir légèrement.

Heureux de n'être point de ces grandeurs, je ne laisse pas de sentir une absence : quelque chose me le dit quand je ne le saurais pas.

La pièce de nos amis[1] se relève : elle a eu pour elle toute la presse, à peu près. Saint-Victor a été parfait... Son goût comme son amitié se sont réveillés à la fois pour être juste. — Je crains pourtant que le succès ne reste tout littéraire.

Je serai à Votre Altesse samedi, si vous le

---

1. *Henriette Maréchal*, par MM. de Goncourt (5 décembre 1865).

voulez bien, ou vendredi, si vous l'aimez mieux.

Vous faites des heureux là-bas : c'est votre lot. Je vous réserve pourtant encore une bonne petite action pour le retour.— *Le Constitutionnel* est sous le séquestre avec cinq hommes de police qui gardent les scellés : c'est à croire qu'on avait affaire à une bande de voleurs. Que ces procédés nuisent au seul organe du gouvernement ! Est-ce qu'il en a trop ? On a choisi exprès ou comme exprès *décembre*, où se fait d'ordinaire le grand renouvellement d'abonnés. On en perdra un millier du coup. Les gens qui viennent pour se réabonner demandent si la société est en liquidation.

Et tout cela, parce que le ministère de M. Boudet, *quoique averti*, a fait un mauvais choix, il y deux ans !

Je crains que Limayrac ne soit ébranlé. Si l'on nous donne Granier-Cassagnac, bonsoir ! je m'en vais.

En voyant ces choses dont je souffre, mais non personnellement, je rends grâce à la personne que vous savez, Princesse, qui a tout fait pour me mettre au-dessus de ces vicissitudes !

et je vous remercie du fond du cœur. — Il y a un bien mauvais esprit qui souffle : ces tapages obstinés de théâtre sont un symptôme.

M. Troplong hésite pour l'Académie, l'archevêque aussi : Amédée Thierry se faufile et tâche de leur couper l'herbe sous le pied. — Peu importe! — M. Rouher est un homme sage.

Je passerai le mercredi à penser à vous, Princesse. — Savez-vous que mon cabinet de travail ressemble maintenant à un petit temple! Il me devient difficile de ne pas laisser voir le nom de la déesse à laquelle il est comme dédié.

Daignez agréer, Princesse, mes sentiments de tendre et respectueux attachement.

CXLI

Ce mercredi matin.

Princesse,

Je ne sais pas bien le jour du retour, et j'espère que ce petit mot arrivera encore à temps pour vous saluer et vous remercier.

Voici une réponse de L... à l'annonce que je

lui ai faite au nom de Votre Altesse, sans rien indiquer de plus précis.

La pièce de nos amis a excité de plus en plus d'orages : il y a un mauvais vent qui souffle, une excitation qui s'étend de la rive gauche à la rive droite, ce qui ne s'était pas encore vu à ce degré. Toute la jeunesse — presque toute — détestablement élevée, est détestable. Les bons se taisent suivant l'usage, et les tièdes suivent le torrent. On a organisé le désordre.

J'espérerai, Princesse, tout le vendredi, et j'aurai l'honneur d'être samedi à mon jour de fête.

Daignez agréer l'assurance de mon tendre et respectueux attachement.

CXLII

Ce 25 décembre 1865.

Princesse,

Serez-vous assez aimable pour accepter avec indulgence ce gros paquet qui vous arrivera par Mme de Fly, et qui contient la totalité des *Mé-*

moires sur l'Histoire de France, à bien peu d'exceptions près ? Vous avez l'esprit historique ; Votre Altesse est de la race historique même : à quelque page qu'elle ouvre cette collection, elle y trouvera des faits, des portraits, ce qu'elle aime.

Vous avez, l'autre jour, comblé de joie Mme C... et sa fille. Je joins ici le récit que m'a fait la mère de cette visite heureuse. C'est bien conté, c'est vivant, c'est ressemblant.

Je suis à vous, Princesse, avec l'attachement tendre et respectueux que vous savez.

Le meilleur ministre, dans la situation, serait encore M. Dumas [1].

CXLIII

Ce 30 décembre 1865.

Princesse,

J'ai hier écrit à Dumas [2] que la Princesse désirait transporter chez elle rue de Cour-

1. M. Dumas, le chimiste.
2. M. Alexandre Dumas fils.

celles le petit dîner, et qu'elle jugeait, à réflexion, cela de meilleur goût envers Mme Sand. Je l'aurai chez moi, indépendamment du dîner rue de Courcelles, et avec deux ou trois de ses amis. Je pense que la chose ne souffrira pas de difficulté.

Que de soins! Ce moment en abonde. J'ai à prier Votre Altesse de m'excuser ces soirs-ci si je fais le mort ou à peu près. Je me trouve en effet indisposé tout de bon. J'ai affaire au docteur, j'espérais que ce serait au chirurgien, et il se trouve que le médecin refuse d'aller vite et me voilà retenu pour plus d'un jour, au moins pour ce qui est de cérémonie. — Je voudrais aller vous offrir mes vœux de jour de l'an à l'heure du *déjeuner*. Est-ce possible sans indiscrétion?

Ce pauvre L... est comme une âme en peine: je crois que le mieux serait de l'envoyer tout directement à M. Rouher qu'il connaît. M. Walewski s'était ravisé et l'avait fait appeler par M. Valette, le secrétaire général de la Présidence. La première combinaison me paraît plus avantageuse.

J'offre à Son Altesse tous mes vœux, mes hommages reconnaissants, et le renouvellement de mon tendre et respectueux attachement.

CXLIV

Ce 4 janvier 1866.

Princesse,

Voici le passage de la *Gazette des Tribunaux* qui concerne *le Constitutionnel*[1]. N'était-il pas à désirer d'étouffer et de prévenir de tels débats dans l'intérêt des seules feuilles politiques qui défendent le gouvernement? Veuillez vous rappeler nos craintes d'il y a deux ans, à Chesneau et à moi : voici les résultats sortis et publics !

Encore un coup, est-ce politique?

Oserai-je rappeler à Votre Altesse la pauvre petite Aïta, peintre? Si j'avais été là encore hier soir lorsque Théophile Gautier est venu, je l'aurais prié de vous dire ce qu'il pense de son talent, fort convenable et estimable. Au fond, ce

1. Dans les annales du *Constitutionnel,* les débats auxquels il est fait allusion ont gardé le nom de procès Gibiat.

qu'elle voudrait, c'est une commande, une *copie*. J'aurais aimé que vous vissiez deux de ses portraits, notamment *la Foi,* qui marque un certain idéal, et *la Tunisienne,* qui est d'un beau type. L'enfant, qui a vingt-six ans et qui est née à la Havane, je crois, est honnête et digne d'intérêt, elle et sa mère.

Je suis à vous, Princesse, avec tout le respect et l'attachement que vous savez.

Mlle Aïta demeure rue Pigalle, n° 11.

CXLV

Ce jeudi, une heure moins vingt.

Princesse,

Je vous remercie infiniment de cette attention. La chose est faite, et bien faite, par l'habile docteur [1]. Je suis dans les ennuis et les em-

---

1. M. Ricord venait de faire à M. Sainte-Beuve l'opération d'un œdème, qui n'était peut-être dès lors qu'un des symptômes de la maladie de la pierre, dont il est mort.

barras inévitables des suites. J'espère demain matin avoir l'honneur de vous écrire d'une main mieux posée, et non plus étendu comme en ce moment.

Agréez, Princesse, l'expression de ma gratitude et de mon respectueux attachement.

Et puis, quand je serai présentable, j'invoquerai la faveur de votre visite.

CXLVI

Ce 19 janvier, vendredi.

Princesse,

Je dois à votre intérêt mon bulletin de ce jour. — Je ne vais ni très-bien ni très-mal. Je saurai mieux à quoi m'en tenir demain, et j'espère n'avoir plus qu'à attendre une cicatrisation naturelle.

On me dit que la pièce de Ponsard a réussi[1].

---

1. *Le Lion amoureux*, joué pour la première fois au Théâtre-Français, le 18 janvier 1866. — Le surlendemain, M. Sainte-

Tant mieux! C'est un talent honnête, élevé et qui a sa force à lui.

Je suis à vous, Princesse, avec un tendre et respectueux attachement.

Beuve recevait, en réponse à sa lettre, ce compte rendu éloquent, dont une copie s'est retrouvée dans ses papiers :

« *Samedi* (20 janvier 1866)... La pièce de Ponsard a réussi. — Elle m'a ravie — d'abord parce qu'on y parle français, que les sentiments qu'elle fait naître sont français, et qu'elle est jouée admirablement bien : mes vieux sentiments républicains se sont tous réveillés ; — je serais partie avec les républicains pour exterminer les royalistes, ces mauvais Français. — J'ai essayé de siffler lorsque le père de la jeune femme, qui se convertit à la jeunesse d'un général républicain et qu'elle épouse envers et contre tous, auquel Hoche vient de donner sa liberté, quand ce vieil émigré gracié lui dit : « Allons, ma » fille, chez les Anglais. »

» J'ai été contente de moi. Je puis encore sentir vivement et patriotiquement. Mais le public a été forcé d'applaudir malgré lui — il y a des pensées fières et fortes, superbes. J'ai passé une bonne soirée. Les gens qui ne pouvaient critiquer disaient nonchalamment : « Pourquoi remuer tout cela? » Quel esprit! quelle faiblesse! quelle lâcheté! Quant à moi, comme je ne suis pas assez noble pour avoir eu des parents guillotinés, je n'ai eu que les roses de la Révolution : je l'aime, je la comprends, sans excuser ses crimes ; mais je suis indulgente pour ses erreurs et je voudrais voir tous les Français en sentir la grandeur et la défendre... »

CXLVII

Ce 20 janvier, samedi.

Princesse,

Mille grâces. Je ne suis pas brillant, mais ils disent que je vais bien, aussi bien que possible. Il y a seulement dans l'ensemble de l'organisation un ébranlement que je commence à sentir, à présent que le détail chirurgical préoccupe moins. En tout, j'espère bien me retrouver comme avant, et vous serez la bonté même de me garder le mercredi, — *mon* mercredi, à travers mes absences.

Une pensée me vient à travers cette interruption de travail : c'est que cette sécurité qui fait mon oreiller désormais et grâce à laquelle je puis mener ma convalescence, je la dois au Sénat, et le Sénat, je le dois... Quoique ce ne soit pas là une manière politique d'envisager les choses, Votre Altesse me la pardonnera, c'est une manière de sentir qui m'est chère.

Je suis à vous, Princesse, avec tout le respect et l'attachement que vous savez.

CXLVIII

Ce 23, mardi, 10 heures.

Princesse,

Le billet arrive au milieu de la consultation des docteurs, ce qui me fait tarder à renvoyer le messager. Ricord répond du malade, malgré les souffrances. Elles sont un peu vives, je l'avoue, mais il dit que je suis une organisation nerveuse et une petite-maîtresse. Le fait est que je ne pourrais tenir la plume pour avoir l'honneur de vous répondre comme l'autre jour. On me dit que, quand j'aurai passé cette journée à obéir ponctuellement à mes bons docteurs, je serai en voie de guérison. Dieu soit loué! Oh! les mercredis!

J'envoie à Votre Altesse les expressions de ma gratitude et de tout mon respectueux attachement.

CXLIX

Ce 24, mercredi midi.

Princesse,

Je suis sensible à tant de bons soins. M. Giraud vous dira *de visu* comment je suis. Il y a deux manières d'aller dans une maladie : la manière médicale, conforme aux règles et aux pronostics. D'après cette manière je vais bien. Mais, d'après l'autre manière, qui est celle du malade, je suis loin du compte. Je n'ai rien pris depuis l'opération. Jugez si je suis fort. On me permet aujourd'hui les consommés, mais je n'en ai pas usé encore. Je ne suis pas en état d'écrire moi-même. Tout cela reviendra vite, mais pas avant le courant de la semaine prochaine. Celle-ci est encore toute destinée à aller à petits pas et à vaincre des douleurs accessoires, mais assez obstinées.

Je ne crains pas de vous raconter mes maux, Princesse, parce qu'en tout, votre esprit aime ce qui est. Je n'ai encore rien lu de tous ces beaux discours, excepté celui du maître.

Je mets à vos pieds l'expression de mon respectueux attachement.

CL

*Ce 28 janvier 1866, dimanche,
huit heures du matin.*

Princesse,

Je demande encore la permission de dicter. Je suis tout à fait mieux, mais seulement depuis ce matin quatre heures. Je suis vraiment honteux de tant occuper mes amis pour une petite maladie que mes médecins n'ont pu consentir même à appeler de ce nom. J'en suis, je l'espère, à ma semaine de convalescence. Une visite de Son Altesse lundi ou mardi me rendra très-heureux et me donnera le reste de patience dont j'ai bien besoin encore.

Mlle Marie C... passe mercredi son examen de commençante devant M. Auber. Il serait bien important qu'elle pût passer le plus tôt possible dans la classe de *chant* qui est son objet et qu'elle ne restât pas trop longtemps dans cette classe de *solfége* qui n'a été qu'un détour. — Vous voyez, Princesse, comme je sais que la vraie bonté est la bonté persévérante et qui ne s'ennuie de rien.

Je mets à vos pieds, Princesse, l'expression de mon tendre et respectueux attachement.

CLI

Ce 29 janvier 1866.

Princesse,

Je réponds à tout hasard sur Jules Levallois, et comme les oisifs, j'étends la réponse.

Lorsqu'il m'est venu pour secrétaire, il n'avait guère que vingt-deux ans, était pâle comme la Mort; mince, fluet, il respirait la fièvre. Je le croyais incapable de suffire et je le lui dis. Il me répondit qu'il essayerait. Il venait tous les jours à huit heures et demie du matin de la rue Bourbon-Villeneuve, par quelque temps qu'il fît. Il était souvent tout trempé de pluie... Il travaillait exactement, avec précision, gagnant chaque jour quelque chose, se taisant quand ce qu'il lisait ou ce que j'écrivais lui déplaisait. Quand, au contraire, l'auteur ou le sujet lui allait, il avait de temps en temps des mots secs, vibrants, dits avec colère, avec émotion, et qui coloraient ses pommettes.— Il est en son genre assez dévot — dévot philosophe. Il a si peu de corps et en prend si peu de soin, qu'il est exclusivement pour l'esprit. Son ambition littéraire, intellectuelle, est grande; je crois même qu'elle n'a pas de limites. Il l'a eue telle dès les débuts. Vers la fin, il était trop formé pour moi, trop lui-même; il ne se pliait plus qu'avec peine. Mais je l'ai toujours trouvé parfait. Il sait le cas que je fais de lui, de son esprit, de son talent d'expression, quoique j'y trouve beaucoup de roideur. Il est trop mince pour pouvoir être large.

Il est très-distingué. Sa figure le dit. Il ressemble à Jésus-Christ avec finesse. Il est de Rouen. Il a une mère, petite personne spirituelle qui est comme femme de charge ou dame de compagnie dans une grande maison. Il avait pour père un agréé devenu avocat, homme d'ambition, d'esprit, qui avait du talent de parole et qui est mort de la poitrine très-jeune. Il a été élevé au lycée de Rouen avec la bourse de l'ordre des avocats.

C'est l'intime et ç'a été un moment comme le frère intellectuel de Chesneau... Il mérite toute estime; il a de la dignité.

Voilà tout un portrait, Princesse. A quoi bon? A vous parler d'autre chose que d'un lumbago.

Je mets à vos pieds, Princesse, l'expression de mon tendre et respectueux attachement.

CLII

Ce 1er février, jeudi.

Princesse,

Je voulais écrire hier, mais un peu de fatigue m'en a empêché. Je puis aujourd'hui vous remercier de votre aimable présence d'avant-hier. A peine étiez-vous sortie que Marie est entrée toute triomphante me montrant son médaillon d'or, et Mme Dufour ensuite, ne trouvant à sa bague que le défaut, dit-elle, d'être trop jolie pour elle. Vous n'oubliez personne, vous êtes toute à toutes — merci! — J'ai eu tout le temps de réfléchir dans ces heures de silence et de tranquillité souffrante. Combien l'intérêt qu'on prenait à bien des choses s'évanouit! et qu'on apprécie mieux ce qui fait réellement le prix de la vie à qui l'envisage sagement, l'amitié, les douces heures, une réunion où l'esprit a sa part, où la confiance préside, où l'on pense et l'on sent librement, ayant sous les yeux un agréable horizon et un ciel pas trop nuageux! Ce sont là les meilleures heures, les seules bonnes, à mesure qu'on avance vers les années penchantes. Quand je serai debout, je vous assure, Princesse, que j'en jouirai mieux à l'avenir, et je tâcherai d'introduire dans ces agréables instants moins d'inquiétude que je n'ai fait dans le passé. Je me propose enfin d'être un peu plus facile à me laisser être heureux. Votre image est le centre autour duquel tourne mon rêve. Il n'aura pas été mauvais pour moi que j'aie eu ce petit avertissement de la douleur et de la privation.

Daignez agréer, Princesse, l'hommage de mon tendre et respectueux attachement.

CLIII

Ce vendredi.

Princesse,

C'est en effet une infamie : c'est le génie du libelle. On ne peut tuer ce démon-là, il reparaît sous une forme ou sous une autre. Je sais mieux que personne les services rendus par M. Schneider, ayant été de concert avec lui et son confident en tout ce commencement. Il faut croire au mal, — au mal pour le mal — quand on voit cela. Voilons-nous, et restons du côté des honnêtes gens. C'est le sentiment qu'on éprouve.

Je me reproche, Princesse, de vous avoir trop fait assister à mes préoccupations et à mes *sombreurs* (comme dit mon maître de grec lorsqu'il traduit). C'est une disposition temporaire et qui passera. Je lui assigne, en médecin qui connaît son sujet, un certain terme. Croyez, Princesse, que j'apprécie plus que jamais cette bonté délicate qui est en vous et qui se voile, pour ainsi dire, de l'éclat de soleil d'une si riche nature. On sait l'y découvrir toutefois.

Agréez, Princesse, l'expression de mon respectueux et sincère attachement.

CLIV

Ce lundi 5 février.

Princesse,

Je reçois votre aimable mot. Oh! non, je n'en suis pas là encore. Je n'ai pu faire aucune sortie, pas même une petite promenade en voiture. La moindre petite digestion est pour moi un travail extrême, dont je reste engourdi comme un boa. Croyez bien, Princesse, que ce ralentissement d'existence m'est à charge, et j'ai hâte de le secouer. Le jour où, sans dîner, je pourrai aller passer une heure rue de Courcelles sera ma première conquête.

Je mets à vos pieds, Princesse, l'hommage de mon tendre et respectueux attachement.

CLV

Ce vendredi 9.

Princesse,

Je comprends bien qu'on soit un peu triste, et même un peu maussade (si un tel mot peut jamais s'appliquer à votre disposition). — Je partage bien cet ennui, ce dégoût de tant de lenteurs dont est faite la vie. J'ai hâte d'avoir l'honneur de vous saluer : vous ne seriez pas trop surprise, Princesse, si vous me voyiez venir vous saluer un de ces matins à l'heure de votre déjeuner. Ce serait ma première sortie, et mon premier but serait la rue de Courcelles.

Je mets à vos pieds, Princesse, l'hommage de mon tendre et respectueux attachement.

P.-S. — M. Giraud m'a pourtant parlé d'un noble et charmant costume, dont il a été le témoin — un témoin ravi.

CLVI

Ce 22 février.

Princesse,

Si je comprends bien *à partir* de vendredi, vendredi n'est pas exclu, et, si vous me le permettez, j'aurai l'honneur d'aller dîner vendredi même. J'ai été bien tenté d'aller lundi à Zeller [1], mais un visiteur attardé m'a fait manquer l'heure. Je me sens privé.

Veuillez agréer, Princesse, l'expression de mon respectueux attachement.

CLVII

Ce 23 février.

Princesse,

On se porte soi-même et son caractère partout, jusque dans ses douleurs. Les uns ont la

---

1. C'est-à-dire au cours de M. Zeller.

douleur simple et profonde, morne, muette; les autres l'ont bruyante, expansive ; celui-ci a la douleur oratoire et un peu déclamatoire comme sa personne. Cela ne veut pas dire qu'il ne soit sincèrement affligé. Je suis fâché que ce malheur l'ait atteint : il faudra y regarder à deux fois pendant quelque temps avant d'oser le blâmer et de le trouver ce qu'il est, ce qu'il était encore dimanche dernier dans ce discours fastueux et flagorneur. De toutes les formes de platitude, la plus plate, pour moi, c'est la plus ampoulée.

Mais pardon ; je renvoie la lettre sous ce pli. A demain, Princesse ! Daignez agréer l'expression de mon respectueux attachement.

CLVIII

Lundi.

Princesse,

Que vous êtes bonne ! J'en suis quitte pour un mal au genou.

Je puis sortir en voiture et vais aller au service de ce très-respectable M. de Saint-Marsault[1].

Est-ce que *lundi prochain*, par exemple, ou tout autre jour de cette semaine-là ne serait pas un bon jour pour cette fête trop retardée à mon gré de la petite maison?

A demain, Princesse.

Je mets à vos pieds mes hommages de respect et d'attachement.

CLIX

Ce 22 mai.

Princesse,

J'ai à vous demander une grâce.

Je vous ai parlé dans le temps de l'homme malheureux (que je ne prétends pas impeccable ni sans faute ni tort sur quelques points), mais très-malheureux, très-persécuté, traité comme aliéné [2], aujourd'hui libre, bien portant, ayant

---

1. M. Green, comte de Saint-Marsault, chevalier d'honneur de la Princesse, ancien préfet, sénateur, etc., mort le 19 avril 1866.

2. Le *fou* en question, mort aujourd'hui, était le fameux Sandon.

plaidé l'autre jour sa cause lui-même à huis clos devant un auditoire de confrères qu'il a fait fondre en larmes, « recommençant enfin, comme il le dit, *à redevenir quelqu'un* ». Ce que je vous demande, Princesse, c'est de lui accorder une demi-heure et de l'entendre (ce qui peut seulement transmettre la vraie sensation): il a espoir en vous; je lui ai presque promis que vous y consentiriez. Des adversaires, des ennemis cherchent à exploiter sa situation, et l'injustice dont il a été l'objet, et la victime : il a le bon esprit d'y répugner, d'y résister.

Peut-être, chez moi, pourriez-vous le rencontrer comme par hasard ou du moins plus commodément.

Je suis à vous, Princesse, avec bien du respect et de l'attachement.

CLX

Ce 25 mai.

Princesse,

C'est donc à mercredi prochain, *ma fête*, n'est-ce pas? J'écris un mot à M. de Nieuwerkerke. Je préviens aussi M. de Girardin, mais c'est à vous, Princesse, qu'il appartient de l'inviter en forme. J'ai hier dit un mot à M. Giraud. Le nombre six est atteint, le petit salon, heureux et comblé, me crie : *C'est assez!*

Je suis à vous, Princesse, avec bien du respect et de l'attachement.

CLXI

Ce vendredi 18.

Princesse,

Hier, à l'Académie, nous avons réussi au delà de notre espérance. Le livre de Zeller va être distribué à tous les membres, et sera adjoint aux ouvrages proposés par la Commission si cette épreuve de la lecture lui est favorable : et je ne doute pas qu'elle ne le lui soit. Il n'y a eu hier que des éloges donnés par avance à son travail. Le prince de Broglie et M. Berryer, eux-mêmes, qui étaient de la Commission, ont dit pour lui quelques paroles d'estime. Ainsi, Princesse, d'ici à quelques jours, quelques mots de vous dits à vos amis académiciens détermineront leur attention, et cette seule attention d'examen suffira pour le porter à l'un des prix. Il en sera bien heureux, et nous tous, Princesse, de voir justice rendue à un livre provoqué par vous et où votre nom est inscrit au frontispice.

Daignez agréer, Princesse, l'assurance de mon respectueux attachement.

CLXII

Ce mardi.

Princesse,

Je me surprends aujourd'hui à m'apercevoir qu'il n'y a plus de cours et que cette visite du matin nous fait défaut. Ce cours de Zeller avait la douceur d'une habitude. — J'ai vu hier M. Giraud fort triste, garde-malade, et qui va se voir obligé, me disait-il, de renoncer à Saint-James. — Gavarni, autre blessé, a dû vous écrire, Princesse, pour vous prier d'appuyer de votre bienveillance une demande qui est faite pour les enfants d'un brave homme, Morère, qui lui était dévoué comme personne et qui laisse *sept* enfants sans rien au monde, six filles et un garçon. Morère, qui, en dernier lieu, était l'un des rédacteurs en chef du journal *l'Illustration*, avait été le lieutenant, le fidèle, le bras droit de Gavarni de tout temps, et je crois qu'il s'était abîmé avec lui et à cause de lui dans les spéculations artistiques qui ont pesé sur toute la vie de Gavarni. Morère s'était identifié en Gavarni, il s'était donné à lui. Aussi Gavarni, en le recommandant à la Princesse, acquitte une dette étroite. J'ai connu ce Morère quand j'ai eu à écrire sur son ami : il était spirituel, fin, modeste, fuyant, ayant peur qu'on ne prononçât même son nom : c'était comme l'ombre d'un homme qui avait vécu.

Princesse, je ne manquerai pas demain soir d'avoir l'honneur de vous saluer — et je prendrai votre jour pour la fin de la semaine si vous le voulez bien.

Agréez, Princesse, l'assurance de mon respectueux et tendre attachement.

Cette lettre était commencée, lorsque je reçois le message.

CLXIII

Ce 17, samedi.

Princesse,

Je suis reconnaissant de votre bonne pensée. Je n'arriverai, je le pense, qu'après le premier acte ; si je tardais, je ne voudrais pas que la place restât vide, et je trouverais bien moyen de me loger derrière dans cette belle loge que je connais. Je désire bien un grand succès pour ce talent si franc et si naturel, d'une verve entraînante et chaude [1].

Me permettrez-vous, Princesse, au milieu de tous ces soins, entre la représentation de ce soir et celle de demain [2], de rappeler à Votre Altesse la situation exacte de sa protégée au Conservatoire, Mlle Marie C..., qui n'est encore que sur le seuil et qui n'y a qu'un pied ? — Il y

---

1. On représentait ce soir-là, pour la première fois, à l'Odéon (17 mars 1866) la comédie de M. Émile Augier, — la Contagion.

2. Le lendemain était un dimanche, et il est probable qu'il s'agit ici d'une représentation de salon.

aura encore un petit effort à faire auprès de M. Auber.

A ce soir. Je vous prie d'agréer, Princesse, l'assurance de mon respectueux et tendre attachement.

CLXIV

Ce 8 juin, vendredi.

Princesse,

J'ai lu avec bien de l'intérêt ce second portrait : il est très-fin, très-bien observé, et il me semble qu'il est juste enfin de rendre les armes à qui sait si bien nous apprécier. Je vous le reporterai samedi soir, je l'espère, et je vous demande la permission d'en prendre copie. Un jour, avec votre permission tacite, nous pourrons publier tout cela : je cherche le moment et le lieu le plus convenable. Mon dernier volume des *Lundis*, où j'espérais d'abord mettre ce portrait non encore recueilli, ne m'a point paru à propos, en définitive,—à cause d'une *Madame d'Al-*

bany [1] qui aurait immédiatement précédé et qui n'avait qu'une royauté un peu postiche. J'attends en un mot et je guette le cadre le plus convenable à une telle figure, et je ne veux aucun voisinage qui ne soit en accord ou qui jure.

Je reçois, Princesse, une lettre de Mme Sand; elle me demande un service ministériel; elle demande souvent parce qu'elle est bonne; elle me le demande cette fois directement, sans doute parce qu'elle a déjà beaucoup employé Votre Altesse : mais, comme un bienfait n'est jamais fini, je ne crains pas de mettre sous vos yeux cette lettre. Elle est d'ailleurs charmante, naturelle, et ressemble à sa conversation de nos fins de soirée.

Je suis à vous, Princesse, avec le plus respectueux et le plus tendre attachement.

---

1. Articles sur *la Comtesse d'Albany*, par M. Saint-René Taillandier, *Nouveaux Lundis*, tome V.

CLXV

Ce 25 juin 1866.

Princesse,

Certainement Saint-Gratien aura mes hommages et mes dévotions cette année comme les précédentes : et que ne puis-je, chaque année, au lieu d'acquérir plus de lenteur, devenir plus léger au gré de mon désir et de ma pensée ! — J'ai vu M. Giraud; je lui ai dit vos bons souvenirs ; il aura l'honneur de vous aller visiter un de ces matins, car il n'a plus de soirées. J'ai brisé avec lui plus d'une glace; je vous dirai le détail de cette conversation. — Je m'arrangerai pour arriver mercredi un peu de bonne heure : que votre sollicitude aimable ne s'inquiète pas de l'heure ni du moyen d'arriver; tout cela est si facile, et je suis un peu l'homme des manies. — Douce manie, comme diraient les anciens poëtes, que celle qui mène à vous et à ce charmant séjour !

Je mets à vos pieds, Princesse, l'hommage de mon tendre et respectueux attachement.

CLXVI

Ce jeudi 5 juillet 1866.

Princesse,

J'ai été bien contrarié hier dans une douce habitude. Me voilà chargé d'un rapport sur la loi de propriété littéraire[1], et il m'a fallu l'écrire ce matin. — Et puis ce passage brusque de la canicule à l'automne m'a laissé presque aussi rhumatisant du genou que M. Du Sommerard.

Il faut vous féliciter ce matin, Princesse : j'ouvre *le Moniteur* et j'y lis avec joie cette solution tant désirée. Je félicite Mme Vimercati ; tous les amis de l'Italie doivent une belle chandelle à l'empereur ! C'est un beau jour et un grand moment dans son règne que la remise de la Vénétie entre ses mains. Ce pays-ci, déjà si gâté, saura-t-il apprécier la grande et glorieuse situation que son chef lui a faite ?

---

1. Ce rapport, lu au Sénat le 6 juillet 1866, a été recueilli dans le tome IX des *Nouveaux Lundis*, page 453.

J'irai en causer au premier jour de liberté, Princesse. Je mets à vos pieds l'hommage de mon respectueux et tendre attachement.

CLXVII

Ce 20 juillet.

Princesse,

Je ne sais si le mal est aussi difficile à faire, mais le bien l'est beaucoup, et on n'arrive pas sans peine à le mener à bonne fin. Vous si bonne, vous allez vous en apercevoir encore par la lettre ci-jointe que je reçois de Gavarni et que je trouve plus simple d'envoyer à Votre Altesse pour l'informer plus complétement. Elle est du comte de Seilhac, qui s'est conduit avec dévouement dans ces affaires du pauvre M. Morère ; il poursuit son œuvre. Poursuivez-la aussi, Princesse, c'est votre lot et votre vocation. Le nombre n'y nuit pas. — Je compte voir notre bon Eudore au retour de Saint-Gratien, peut-être lundi.

Je suis bien anxieux d'esprit pour toutes ces

grosses affaires politiques qui se mènent d'ici si bien, mais qui vont si laborieusement. — C'est un poids pour tous les cœurs patriotes.

Je mets à vos pieds, Princesse, l'hommage de mon respectueux et tendre attachement.

CLXVIII

Ce 27 juillet.

Princesse,

La petite Louison d'autrefois, aujourd'hui Mme Louise F[1]..., demeure : n° 6, rue Perceval (Plaisance), Paris.

J'avais lu les lignes des *Débats :* il y a en tout ceci un peu de ramollissement ; il faut aimer les femmes en son temps, afin de ne pas extravaguer à première vue quand on est hors d'âge.

La difficulté pour Soulié est aussi dans sa modestie : il se défie de ses forces. Je le verrai aujourd'hui et le tâterai à fond.

Je crains que ce qu'une haute dame veut de-

---

1. Il a été déjà question de cette nièce de Nodier, dans une ettre du 16 octobre 1863 (page 77).

mander à Lescure ne soit encore sur cette éternelle Marie-Antoinette. Nous le saurons.

Je mets à vos pieds, Princesse, l'hommage de mon respectueux et bien tendre attachement.

P.-S. — Je reçois de Gavarni le mot ci-joint qui montre qu'au moins il apprécie celle qu'il avait trouvée du premier jour si... diantrement séduisante[1]. Quel dommage que de tels hommes s'immobilisent et s'inutilisent avant l'heure !

J'attends la visite de M. de Seilhac pour ce matin. Il me demandera sans doute comment la famille Morère pourra avoir l'honneur de vous porter l'expression de sa gratitude.

---

1. « *Ah ! c'est une fière femme !*

» Merci ! — J'ai vu hier M. de Seilhac. — Je n'avais pas reçu votre billet. — Vous l'aurez vu aujourd'hui.

» Mille bonnes amitiés.

» GAVARNI. »

CLXIX

Ce 27, une heure de l'après-midi.

Princesse,

Je vois en ce moment le comte de Seilhac ; il me demande d'avoir l'honneur de vous présenter, si vous le voulez bien, Mme Morère et ses deux filles aînées, pour lesquelles vous avez tant fait. Ces dames sont modestes, timides et fort bien.

L'aînée de ces demoiselles va partir pour occuper son poste qu'elle vous doit près de Rouen *mercredi* prochain. Ce serait avant mercredi qu'elle devrait avoir l'honneur de vous voir.

Daignez agréer, Princesse, l'hommage de mon respectueux attachement.

P.-S. — Mme Morère demeure rue Bénars, 41, à Batignolles.

CLXX

Ce 9 août.

Princesse,

J'ai hier oublié cette lettre de M. Vandal; la voici. Que d'excuses on aurait à vous adresser pour tant de prières dont on ne craint pas de vous assaillir! Votre bonté seule nous rassure. — Il faut convenir que c'est une situation bien pénible pour une nation qui veut devenir grande [1] que cette sorte d'humiliation de recevoir toujours sans avoir gagné par soi-même! L'aimable comte sent cela tout le premier. Il y aurait une manière pour une telle nation d'être parfaitement bien, ce serait d'accepter modestement et de remercier qui de droit avec mesure et un sentiment de dignité. Hélas! mais il est si rare que les individus aient un bon esprit. Peut-on l'exiger de toute une nation après qu'elle a été surexcitée?

Toutes ces affaires sont bien pénibles, et je

1. L'Italie.

crains qu'il n'y ait bien des écheveaux à démêler encore. Celui qui a en main tout cela doit y rêver, même en dormant.

Je mets à vos pieds, Princesse, l'hommage de mon respectueux et tendre attachement.

CLXXI

Ce 12 août 1866.

Princesse,

Je reçois une lettre de remercîment de la pauvre Louison pour Votre Altesse;

Une autre lettre du comte de Seilhac, absent de Paris, qui me dit que tout est arrangé à souhait pour Mlle Morère. Cet homme, véritablement estimable, me demande d'avoir l'honneur de vous le présenter cet hiver. Il était très-lié avec M. de Saint-Marsault.

Le mercredi tombe le 15 août; n'est-ce pas une contre-indication que cette solennité pour la visite de Saint-Gratien ce jour-là? Faut-il remettre au lendemain mon plaisir?

Daignez agréer, Princesse, l'hommage de mon respectueux et tendre attachement.

CLXXII

Ce mardi.

Princesse,

J'ai lu l'article de Geffroy ; il est net et bien cinglé[1]. — J'étais invité moi-même aux Tuileries pour demain soir, mais c'était pour moi subordonné à mon mercredi.

Maintenant, Princesse, laissez-moi vous dire tout bas et pour vous que je vais *entrer en indisposition* pour un nombre de jours indéterminé. Les docteurs se sont décidés à me faire une légère opération plus douloureuse que grave ;

1. La publication des Lettres de Marie-Antoinette soulevait alors une vive polémique dans les revues et dans les journaux. Il y a déjà été fait allusion à propos d'un article de M. de Sybel (page 195). M. Albert Geffroy, de son côté, avait attaqué la question dans *le Temps* (5 janvier 1866) et dans la *Revue des Deux Mondes* (1er juin, 15 juillet, 15 août 1866). C'est à l'un de ces articles que se rapporte la lettre de M. Sainte-Beuve. Il a d'ailleurs développé sa pensée, et au complet, sur toute cette affaire des autographes contestés, dans une note à la fin de son troisième article sur *Marie-Antoinette* (*Nouveaux Lundis*, tome VIII, page 382).

mais c'est toujours quelque chose d'inconnu et d'incertain qui pourra me retenir plus ou moins de temps dans la chambre.

Veuillez ne pas accuser ma négligence tant que cette impossibilité de sortir durera.

Je suis à vous, Princesse, avec le tendre et respectueux attachement que vous savez.

CLXXIII

Ce 31 août 1866.

Princesse,

Comment s'est-il fait, ce grand voyage? Le Saint-Gothard n'avait-il pas de la neige? Le lac des Quatre-Cantons était-il dans son beau jour? Les dix-sept heures que devait durer la dernière traite ont-elles été bien longues? Je me pose toutes ces questions depuis que vous êtes partie, et, si vous êtes en ce moment un peu assise, vous serez bien aimable de me dire en deux mots comment est la noble et chère colonie. — Ici, rien, moins que rien : je n'ai vu personne, je ne suis allé qu'à mon Académie, qui est déserte.

Mérimée, pourtant, y était hier, revenant de Saint-Cloud et partant demain pour Biarritz. Mais tout cela ne me touche pas.

Notre Magny (ce qui me touche davantage) avait lundi dernier ses Goncourt, qui regardaient déjà vers le lac Majeur et qui y sont déjà peut-être ; — Saint-Victor y était aussi ; — ni Mme Sand, enlevée en Normandie chez Dumas fils ; — ni Flaubert, resté encore au Croisset ; — mais un Renan gai, vif, éclairé de je ne sais quel rayon du soleil de Grèce depuis qu'il y est allé ; je ne l'ai jamais vu mieux ni plus véritablement aimable. Son saint François d'Assise des *Débats*[1] le fera absoudre de la princesse Augusta elle-même.

C'est ainsi, Princesse, que je compte traîner jusqu'au retour de Votre Altesse, vivant avec mes livres et mes vieilles gens du temps passé. Il faut bien que tout mouvement poétique, tout éclair d'avenir et toute perspective soient désormais choses éteintes et disparues chez moi pour que ce voyage à votre suite ne m'ait pas même

1. L'article de M. Renan avait paru dans le *Journal des Débats* des 20 et 21 août 1866.

tenté. Il faut se résigner et savoir avant tout ce qu'on est. Mes forces sont ce que je les sens, non ce qu'elles paraissent. J'ai donc dû ne pas même songer à ce qui eût été le rêve et l'enchantement des jours d'autrefois. J'attendrai, pour retrouver quelque chose de ce charme qui est le motif de vivre, que vous soyez revenue et que la douce habitude reprenne son cours. Jusque-là, je végète et je paperasse : c'est en deux mots tout ce que je suis.

Nous aurons des récits au retour. Je me figure que, déjà ou d'ici à peu de jours, quand tous ceux du départ et ceux du rendez-vous seront rassemblés, il y aura de belles soirées sur les terrasses de Belgirate et qu'elles n'auront rien à envier à ce qu'on imagine des *Hexaméron* et des *Décaméron* du passé; qu'il m'en vienne un avant-goût dans un billet de vous, Princesse, et daignez penser et croire que j'y assiste en esprit.

Veuillez agréer l'hommage de mon tendre et respectueux attachement.

Je demande à être rappelé au souvenir du

prince et de la princesse Gabrielli et des hôtes heureux et gracieux qui vous possèdent et vous entourent.

CLXXIV

Ce 6 septembre 1866.

Princesse,

Nous autres d'ici, nous ne sommes pas fâchés de savoir que vous regrettez un peu vos douces habitudes, qui étaient aussi nos douceurs à nous. Que ce voyage pourtant vous laisse quelques beaux tableaux dans la mémoire, quelques belles heures de souvenir et revenez-nous vite : ce n'est pas de ce côté que peut être l'*accoutumance* et l'avenir.

La question du joli saint François d'Assise de Renan est la même que celle de l'histoire telle qu'on l'envisage aujourd'hui. En réalité, je crois vos objections fondées ; on embellit de loin les choses, on profite du moindre prétexte pour idéaliser les objets, on se contente d'explications qui n'en sont pas. Mais la condition de l'histoire serait bien sévère et dure si l'on ne disait que ce qu'on sait *au pied de la lettre*; il y a des siècles entiers qui seraient la sécheresse, l'ennui, l'aridité. On a cherché de nos jours à retrouver la vie qui a dû exister, à se figurer quelque chose d'équivalent. Renan excelle en ce genre de vue. Pour mon compte, cela m'amuse sans me convaincre. Je dirai même que, pour mon usage, je préfère les faits authentiques tout nus, tout simples, me chargeant moi-même de faire mes petites réflexions et de reconstruire cela au dedans à ma guise; mais je n'oserais jamais donner au public ces sortes de rêveries intérieures comme une vérité. La nécessité de faire des articles de journal intéressants, d'avoir du talent chaque fois qu'on publie quelques pages, mène bien loin, et dans le cas présent il n'y a pas grand mal : imaginez un portrait du joli petit saint traduit et interprété en prose. C'est de l'art encore, c'est de la peinture à la plume.

— Voilà de grands changements depuis ces derniers jours; l'impression que j'en reçois n'est pas mauvaise. On va entrer dans un intervalle de paix et une trêve pour encadrer l'Exposition universelle; mais après... Les questions subsistent : le but de la France et, je le crois, le plan de l'empereur n'ont pas été remplis. Nous restons écornés au Nord et sur le Rhin. Est-ce pour toujours? Faut-il se résigner? Est-ce pour le mieux, et cela ne fait-il rien du tout, comme Girardin le prétend? Il y aurait encore plus à dire à ce sujet qu'à propos du petit saint François d'Assise de Renan.

Je mets à vos pieds, Princesse, l'hommage de mon tendre et respectueux attachement.

Je reçois une lettre charmante d'Eudore Soulié; je lui répondrai. Elle m'arrive au moment où j'allais cacheter. C'est un peu comme si j'étais là-bas.

CLXXV

Ce 28 septembre 1866.

Princesse,

J'espère que ce vilain rhume aura cédé et que ce beau temps revenu comme par miracle aura opéré sur votre santé, comme il semble avoir fait depuis hier sur toute la nature.

J'ai vu hier (car on est amené irrésistiblement, quand on a l'honneur de vous écrire, à parler de bienfaits passés ou futurs), j'ai vu ce brave Duveyrier malade et, je le crains, *atteint*. Son fils, âgé de vingt-quatre ans ou vingt-cinq au plus, est un charmant garçon qui se trouve sans carrière. A dix-neuf ans, il a médité un grand voyage dans l'intérieur de l'Afrique, dans une contrée inexplorée : les Touâreg. Il a exécuté ce voyage périlleux ; il en a rapporté un volume d'observations exactes sur le climat, les mœurs, les ressources de ce pays[1]. A la suite de ce voyage, des chefs touâreg sont venus à Paris. Lui-même, le jeune Duveyrier, a été décoré de la Légion d'honneur à l'âge de vingt-deux ans. Il a bonne conduite, zèle, ardeur, modestie. C'est un jeune sujet à placer, à diriger dans une voie où il puisse être utile à son pays. Mais comment persuader cela à un ministre? Il n'y a qu'une personne qui ait ce don de persuasion et

---

1. M. Sainte-Beuve a écrit un article sur ce volume (*Nouveaux Lundis*, tome IX).

la baguette à laquelle on obéit par enchantement. Il faudra que cette baguette agisse pour ce fils distingué (et qui peut de plus en plus le devenir) d'un brave père resté pauvre malgré le voisinage et l'intimité des Pereire.

Je serais heureux de savoir la Princesse tout à fait remise et contente de sa santé.

Je mets à vos pieds, chère Altesse, l'hommage de mon respectueux et tendre attachement.

CLXXVI

Ce 9 octobre 1866.

Princesse,

J'avais écrit au jeune Duveyrier ; je n'ai eu aucune réponse. Lui ou son père auront peut-être écrit à Votre Altesse. J'espère bien pourtant le mener à Saint-Gratien demain et le présenter en personne à vos bontés.

La jeune Marie C... est bien reconnaissante, ainsi que sa mère. Ce début de vie d'artiste est plein de difficultés et d'entraves. Bataille lui manque au dernier moment : il est resté (malade, dit-il) à Nantes. Elle se prépare seule, avec sa mère et de son mieux, à son examen pour le grand morceau de *l'Africaine* qu'elle avait déjà étudié avec Battaille.

Que de soins dont vous ne vous lassez pas, Princesse! — Nous ne nous lassons pas de dire merci, et je mets à vos pieds l'hommage fidèle de mon tendre et respectueux attachement.

P.-S. — Saint-Victor ne pourra se rendre demain à Saint-Gratien, devant être à Fontainebleau pour une partie préparée de longue main. Il s'excuse humblement.

CLXXVII

Ce mardi.

Princesse,

Si je ne comptais si fort sur votre indulgence, je m'excuserais pour demain, ayant depuis quelques jours une fatigue d'yeux qui se traduit tous les soirs après dîner en cuisson et en impossibilité d'ouvrir les paupières. Votre bonne grâce daignera m'accepter comme je suis. — J'ai un vrai chagrin de cette mort si soudaine (quoique le mal existât depuis longtemps) de ce brave Duveyrier[1]. Il m'était venu voir le samedi même, son dernier jour de sortie (il fut pris la nuit suivante de délire), et il me parlait de vous, Princesse, avec un sentiment d'homme charmé et reconnaissant. Je le comparais à un flambeau qui marchait toujours. C'est encore une intelligence qui vient de s'éteindre.

Veuillez agréer, Princesse, l'hommage de mon tendre et respectueux attachement.

CLXXVIII

Ce dimanche.

Princesse,

Je ne sais rien que la nouvelle[2] : hier soir à dix heures m'est arrivée cette lettre de son fils que je joins ici. Il se sera éteint. Il y avait

1. Charles Duveyrier est mort le 10 novembre 1866.
2. La mort de Gavarni (23 novembre 1866).

chez lui phthisie laryngée et fatigue universelle.
— Il y a dans les générations des coupes fatales et réglées. De soixante à soixante-cinq ans, il se fait de ces coupes d'automne : Duveyrier, Boilay, Gavarni. — J'en sais encore deux ou trois autres morts récentes, d'amis ou de camarades du même âge. C'est la loi; raison de plus pour goûter avec amitié les quelques années qui restent et qui, passé un certain chiffre, sont certainement de grâce et de faveur. — Une indisposition m'empêche ce matin d'aller jusqu'à Auteuil rendre les derniers devoirs à ce grand et charmant artiste; mais il vivra dans nos cœurs et aussi dans l'histoire de l'art contemporain.

Je mets à vos pieds, Princesse, l'hommage de mon tendre et respectueux attachement.

CLXXIX

Ce 27 novembre 1866.

Princesse,

J'apprends les détails sur cette fin de l'aimable et charmant artiste notre ami.

Il avait un emphysème du poumon (enflure du tissu cellulaire) qui produisait une oppression continue. Il était si affaibli, que, ayant voulu, il y a quelque temps, aller consulter un docteur (Éd. Fournier) spécial sur les maladies du larynx, il avait pu à peine revenir à Auteuil en voiture, et que, dans un café du boulevard, chez Durand, où il s'était arrêté un moment, chacun le regardait avec inquiétude. Il n'avait d'ailleurs nulle altération dans son humeur et gardait sa douce ironie. Le docteur Veyne (un ami), ayant des craintes, adressa à son fils un télégramme à Marseille. Le jeune homme arriva le vendredi matin. C'est le soir que Gavarni s'est comme endormi et s'est éteint. Il n'avait pas de douleurs et n'accusait que du malaise. La machine ne fonctionnait plus. Sa femme est arrivée le soir et a voulu le veiller *seule* la nuit, — lui mort, — et elle a renvoyé les domestiques et les témoins pour cette veille funèbre. — Il avait d'ailleurs depuis quelque temps une situation arrangée : plus de dettes, une partie encore de terrains. Un procès avec Hetzel était arrangé. On a trouvé chez lui huit mille francs en billets;

ses papiers très en ordre, surtout ses papiers de mathématiques. — Enfin, il a pu sourire encore tristement à la vie, — jusqu'à son dernier moment.

A demain, Princesse. J'ai été, ces temps-ci, fort retenu par mes petites indispositions et fatigues. Daignez m'excuser et agréer, Princesse, l'hommage de mon tendre et inviolable attachement.

On a pu mouler le crâne et la face; on fera son buste.

CLXXX

Ce samedi.

Princesse,

Après cette soirée de jeudi si agréable et si douce, qui m'aurait dit que j'allais en être privé, de pareille douceur, pour quelque temps? — Je n'ose dire plus. Jeudi, dans l'après-midi et la nuit suivante[1], j'ai été saisi d'un accident interne

---

1. M. Sainte-Beuve venait d'être atteint, cette nuit-là (décembre 1866), de l'infirmité cruelle dont il ne devait point

assez impérieux pour devoir appeler à l'instant Ricord. Il a pourvu au mal, je ne souffre pas trop, mais me voilà de nouveau rangé, et plus gravement à mon sens que la dernière fois, dans la classe des valétudinaires. Espérons que je pourrai encore reprendre ce doux train de vie dont la Princesse était le charme et l'honneur. (Tout ceci pour *vous seule* encore, Princesse.)

Voici un *Tallemant* qui a demandé le temps de se vêtir dignement pour paraître devant Votre Altesse. C'est un esprit qui voit les petits côtés, c'est une commère; mais il est sincère, il a du jugement; s'il a de la malice, il n'a pas de parti pris et ne ment pas. Tel qu'il est, je le mets à vos pieds,

Et vous renouvelle, Princesse, l'hommage de mon tendre et respectueux attachement.

---

guérir, et qui n'était elle-même que le résultat le plus apparent de la maladie de la pierre, dont l'autopsie révéla les trop irrécusables témoignages.

CLXXXI

Ce 23 décembre.

Princesse,

Mille et mille grâces. Je ne suis qu'infirme et point positivement malade. Il n'y a rien de nouveau dans cet état et je n'éprouve que beaucoup de fatigue.

Je pense à nos amis qui sont aujourd'hui de fête autour de vous.

Si Hébert s'y trouve, comme je le pense bien, permettez-moi de le complimenter par votre bouche, Princesse.

Je mets à vos pieds l'hommage de mon tendre et respectueux attachement.

CLXXXII

Ce 29 décembre 1866.

Princesse,

J'ai bien pensé à Votre Altesse et aussi à l'objet dont elle m'a entretenu. J'ai voulu voir la personne qui m'avait paru de loin pouvoir convenir; de près elle m'a paru aussi très-convenable en tout ce que j'ai pu apprécier. Elle a quarante ans ou quarante et un ans; moralement et civilement, ce qu'il faut autant qu'on peut en juger; littérairement, et pour écrire et correspondre, a-t-elle également les qualités requises, ou du moins est-elle de nature à les acquérir? Mon examen n'a pu, du premier coup, s'en assurer. Voilà ce que je tenais à vous dire, Princesse, pour savoir si je dois pousser plus avant mon inspection.

Je n'ai rien à dire de nouveau à mes amis sur un état de santé qui paraît être (provisoirement, du moins) un *statu quo*. Je n'ai regret qu'à la fatigue, qui m'est plus habituelle qu'avant et qui m'arrêtera plus souvent.

Toutefois, je demanderai, dans un des jours de la semaine prochaine, vers jeudi ou vendredi, la faveur d'aller saluer Votre Altesse dans les heures de l'après-midi. Je me réserve cette première sortie comme reprise et tentative de vie sociale.

J'offre à Votre Altesse l'hommage de mon tendre et respectueux attachement.

CLXXXIII

Ce vendredi 4 janvier 1867.

Princesse,

J'éprouve un véritable ennui : il m'est encore impossible de sortir. Depuis que j'ai eu l'honneur de vous voir, j'ai reculé plutôt qu'avancé. Ce qui devait arriver (n'en déplaise aux docteurs optimistes) et ce que j'avais craint s'est produit. Ainsi, il me faut encore attendre et espérer ; vient-il donc un moment dans la vie où l'on n'a qu'à perdre du terrain de jour en jour ? Il me semble pourtant que c'est un peu tôt. — Le prince votre frère m'a fait l'honneur de venir, il y a trois jours ; je n'étais pas mal ce jour-là. Il venait de visiter Mme Sand, dont l'estomac souffre ; voilà une belle génération qui s'entame de tous les côtés.

Combien j'envie ceux qui vont et viennent, qui assistent à une leçon de Zeller dans l'atelier-musée, qui passent deux heures le mercredi dans ce salon unique, qui... qui... Je m'arrête dans l'expression de mes vœux, bien que je n'en forme, ce me semble, que de bien humbles. Ils sont trop beaux pour moi jusqu'à nouvel ordre. Ils étaient bien doux, en effet, quand il ne tenait qu'à moi de les remplir!

Je mets à vos pieds, Princesse, l'hommage de mon tendre et respectueux attachement.

CLXXXIV

Ce lundi.

Princesse,

Et voilà donc l'issue du petit complot dont j'ai hier surpris quelques mots : un magnifique tapis qui se déploie et qui couvre la plus large pièce de la petite maison. Vos dons eux-mêmes sont plus grands que moi et m'enveloppent. Je me laisse faire et je remercie. Quant au beau tapis pourtant, je ne le profanerai pas tout d'abord dans ma chambrette de malade; il attendra jusqu'à ce que j'aie ouvert ma paroi sur la chambre voisine, très-belle et digne de le recevoir. Je vais me hâter. Il y sera à sa place.

Agréez, Princesse, mon sensible hommage pour tant de bontés et l'expression de mon tendre et inviolable attachement.

CLXXXV

Ce 18 janvier.

Princesse,

Merci de votre mot encourageant! Je puis encore dicter, cela m'est plus difficile quand il faut écrire quelque chose de long.

J'espère en mon dimanche.

Je sens réellement du mieux dans ma santé générale et dans ma manière de gouverner mes misères. Cela suffira à mon ambition si je puis voir mes amis.

Je n'ai pas encore lu les discours sur Ingres [1] : je n'ai vu que les articles divers et assez contradictoires. Vous avez bien raison, il n'était maître

---

1. Ingres est mort le 14 janvier 1867.

qu'en une chose (et c'est déjà très-beau); pour le reste, un enfant et une sorte de machine automatique qu'on faisait jouer à volonté.

Je mets à vos pieds, Princesse, l'hommage de mon tendre et respectueux attachement.

Je tâcherai de faire une colonne ou deux sur Saint-Victor : il faut, tant qu'on est là, saluer les talents[1].

CLXXXVI

Ce 22 janvier.

Le jugement sur l'*homme* est vrai de premier coup d'œil : c'est un manant, un être grossier, un vigoureux nourrisseur de bestiaux qui s'est trouvé chargé de diriger des gens de lettres. Mais, pour être juste, suspendez votre opinion sur son *bon sens* qui est *solide*, et non sans finesse, ou du moins sans ruse. Il a été étonné, renversé à brûle-pourpoint, et, comme il l'a dit

---

1. Voir *Nouveaux Lundis*, tome X, l'article sur *Hommes et Dieux* (28 janvier 1867).

tout cru : « Vous m'avez désarçonné. » En un mot, sous cette enveloppe peu avenante ou même répugnante, il a une valeur. N'oublions pas que le butor a une grosse batterie à son service.

Je connais M. T..., — N. T..., — un brave professeur, laborieux, érudit, d'une grande vanité naïve qui s'affiche d'abord et qui a cru qu'il allait devenir un auteur dramatique, mais très-solide en humanités, sachant le grec et l'allemand, ayant d'ailleurs douze ou treize enfants et digne qu'on lui rende service.

Je ne réponds que dans mon cœur à la fin de votre lettre, Princesse, et je mets à vos pieds l'hommage de mon tendre et inviolable attachement.

CLXXXVII

Ce lundi.

Princesse,

C'est, en effet, un service à rendre à la science même que d'affranchir ce digne C. B... de cette servitude domestique et bigote.

Je lis la lettre de... : je reconnais T... et Desjardins. Ne sachant à quoi on les veut appliquer, je ne puis prendre la mesure exacte. T... est plus excusable que ne le croit... pour les faits de vie privée auxquels il fait allusion. Son principal crime est d'avoir deux ménages, mais il y pourvoit en honnête homme.

Desjardins est aimable de manières, et il doit acquérir chaque jour. Mais il a trahi d'abord un manque de méthode et d'exactitude, une sorte de légèreté scientifique dont il aura peine à se relever dans l'Université.

Ces hommes, d'ailleurs, ont de la valeur et peuvent être d'une réelle utilité ; c'est selon à quoi on les veut appliquer.

Nous avons, ce matin, donné à *trois* sur Saint-Victor : Taine dans les *Débats*, Gautier dans *le Moniteur*, et moi-même dans *le Constitutionnel*. Vive le Magny ! Nous avons été fidèles à l'amitié et au talent.

Je mets à vos pieds, Princesse, l'hommage de mon tendre et inviolable attachement.

CLXXXVIII

Ce 12, mercredi.

Princesse,

Merci, merci de tant de bonne attention !

J'ai eu hier deux bonnes nouvelles : la première est que je ne suis pas l'acquéreur de la maison (c'eût été un fardeau); la seconde, c'est que l'acquéreur est celui qui me désire pour locataire à ma convenance, de sorte que je jouirai d'une entière tranquillité et de plus d'espace. La petite maison à laquelle il m'eût été si pénible de renoncer[1], après tout ce qui me l'avait rendue

---

[1]. M. Sainte-Beuve, qui avait redouté un moment l'expropriation pour sa maison de la rue Mont-Parnasse, se trouvait en face d'un autre péril à conjurer. Une maison à côté de la sienne, et tout à fait mitoyenne, était devenue vacante par suite de la mort de la propriétaire. M. Sainte-Beuve craignait que de nouveaux locataires bruyants ne vinssent le forcer à renoncer à son cabinet de travail, dont il avait l'habitude depuis tant d'années. Pour assurer sa tranquillité jusqu'à la fin, il eut un instant l'idée d'acheter cette maison voisine; mais il s'en tint à n'en être que le locataire, et c'est alors que s'ouvrit ce salon dont on a fait une description si fastueuse et purement fantastique.

encore plus chère, pourra donc avoir encore l'heur et l'honneur de vous recevoir.

Mais oui, Princesse, si vous voulez bien m'accepter pour ce soir à dîner, je n'interromprai pas cette douce habitude.

Daignez agréer, Princesse, l'hommage de mon tendre et respectueux attachement.

CLXXXIX

Ce dimanche.

Princesse,

Mille grâces pour tant de bontés.

C'est bien d'un chirurgien que j'avais affaire, et nul n'est meilleur que celui que j'ai pris; *léger* en effet de main et adroit, ce qu'il faut. J'ai, d'ailleurs, un bon médecin ordinaire tout dévoué[1].

Je ne souffre que peu, mais les conséquences ne sont pas moins ennuyeuses ; espérons qu'elles cesseront vite. — La Princesse ne me dérangera

---

1. Le docteur Veyne.

jamais, puisqu'elle a la bonté de se prêter à toutes les petites choses et misères de ses amis. Dans l'état habituel, c'est *avant* quatre heures que je me trouve plus libre de ma personne. — J'écrirai, au reste, Princesse, d'ici à deux ou trois jours et dès qu'il y aurait amélioration, — ce que tout malade espère et attend.

Je mets à vos pieds l'hommage de mon tendre et respectueux attachement.

CXC

Ce samedi, 2 février.

Princesse,

Je voulais hier avoir l'honneur d'aller vous saluer vers six heures, mais la fatigue m'a fait rester. Je compte, j'espère du moins être plus vaillant, plus heureux ce soir. Laissez-moi vous parler à l'avance d'une chose dont je suis plein.

J'avais vu hier matin E... Il s'est ouvert à moi. Il est dans une situation extrême, graduellement amenée, mais qui ne peut manquer d'éclater par quelque criante opposition... Il n'espère qu'en vous, Princesse, et n'ose vous parler comme il faudrait. Dans tout ce qui lui arrive de pénible et qui tient à sa nombreuse charge et à son exiguïté de ressources, une pensée le domine avant tout : ne vous être en rien désagréable, non plus que de rien faire en dehors du chef si aimé de son administration. Les sentiments qu'il exprime sont d'une délicatesse infinie. Son cœur est trop à vous, Princesse, sa reconnaissance est trop entière pour rien tenter en dehors de vous, pour rien devoir qu'à vous. « Mais, cela étant, lui disais-je, ouvrez-vous sur votre situation à la Princesse... » Il ne le fait qu'à moitié. J'ose pour lui : l'empereur ne pourrait-il faire pour lui quelque gratification extraordinaire qui le tirât de ce mauvais pas, — une foule de petites dettes accumulées? L'empereur le connaît et l'estime.

Revenant à une autre idée : puisqu'il est si bien à sa place à..., puisqu'il y est l'homme du lieu, du château, des étrangers qui le visitent, puisqu'il est à souhaiter qu'il y reste, ne pourrait-on pas absolument faire pour lui l'exception qui supprime l'*adjoint* et qui, après plus de vingt ans de service dans cette administration, ne le condamne pas à s'éterniser dans un magnifique cul-de-sac ?

Le fait est qu'il est dans un abattement profond, n'espérant qu'en vous, ne voulant rien que par vous, ayant à cet égard les sentiments les plus délicats, qu'il m'exprimait d'une manière que j'aurais voulu noter dans les termes mêmes ; il vous doit tout, disait-il, de l'avoir élevé dans un monde qu'il n'eût pas vu autrement, il est votre homme-lige ; le lien de reconnaissance qui l'attache à vous est d'amour-propre — du véritable amour-propre le mieux entendu — autant que de cœur... Il est, lui et les siens, malheureux ; le remède ne peut venir que par vous.

Il ira, dimanche soir, ignorant si j'ai parlé à Votre Altesse. Je livre tout ceci à votre bonté et à cette intelligence qui sait tous les degrés.

J'ai vu hier M. Giraud, toujours garde-malade, mais de sa personne moins fatigué et mieux, ce me semble.

A bientôt, Princesse, à aujourd'hui même, je

l'espère. Je mets à vos pieds l'hommage de mon tendre et respectueux attachement.

CXCI

Ce 8 février.

Princesse,

Oui, c'est bien le même pour qui vous avez fait déjà cette bonne action il y a un ou deux ans.

Il m'avait écrit à ce sujet, mais je n'ai rien pu en ce moment. Je vois qu'il s'est adressé plus haut et en de bons termes qui me semblent, en effet, exprimer la réalité de ses sentiments. Il mérite un bienfait.

Je vois avec peine que vous soyez un peu souffrante, Princesse. J'ai causé hier de vous avec ce brave Sacy, homme d'effusion. Tant d'autres sont le contraire.

Pour moi, je ne souffre pas plus, mais je ne dégèle pas.

Comme vous le disiez à Sacy, nous allons à

l'inconnu; la France aime cela, elle est comme les nouvelles mariées. Heureusement, notre Sénat n'acquiert pas trop de nouvelles prérogatives : il ne saurait guère qu'en faire. Laissons à d'autres les expériences.

Je compte bientôt aller chercher de vos nouvelles, Princesse. Je mets à vos pieds l'hommage de mon tendre et respectueux attachement.

CXCII

14 février.

Princesse,

Je vous remercie bien de votre aimable mot. Je vous avais trouvée un peu fatiguée ce samedi soir. Voilà un temps réjouissant et qui donne un avant-goût de renouveau. J'essaye parfois de sortir vers quatre heures. Je vais tâcher d'étrenner aujourd'hui l'Académie. Ainsi je m'accoutume petit à petit et je finirai peut-être par me dissimuler mes gênes. Le Sénat aura son tour, mais pas pour aujourd'hui, c'est trop solennel [1].

1. C'était le jour d'ouverture de la session législative de 1867.

Je compte bien, Princesse, aller vous porter mon hommage un de ces avant-dîners.

Daignez agréer l'expression de mon tendre et respectueux attachement.

CXCIII

Ce 1ᵉʳ mars 1867.

Princesse,

Sans le dire, il se trouve que je pense aux mêmes choses qui vous occupent. Il y a, en effet, deux systèmes, deux esprits qui sont en présence et aux prises en ce moment ; et, comme on a passé à moitié de l'un à l'autre, il est difficile d'avoir un pied par-ci et un autre par-là ; chacun vous tire à soi et vous pousse : dans quelle intention? Dieu le sait. Il faut une bonne tête et un flegme sans pareil pour ne pas broncher dans cette position. J'espère que, la santé aidant, la bonne tête y suffira.

Je n'ai vu personne de ceux dont vous me parlez, Princesse, et j'en suis à la simple lecture des journaux, qui me laisse de la réflexion de reste. J'ai paru à l'Académie jeudi ; je suffis juste à ces légers excès, et il ne m'a pas été possible de faire plus. Je vais aujourd'hui essayer de paraître une heure à une réunion d'amis du vendredi[1] ; mais il est possible aussi qu'au dernier moment je me dédise. Que cela est triste d'être ainsi enchaîné! Il en résulte une teinte de désenchantement universel qui s'étend sur tout. Vous voyez à quel point je suis prêt à être à l'unisson avec vous. Mais ce n'est qu'un instant pour vous, Princesse, et votre vaillante nature revient vite avec son ressort et rebondit.

Je mets à vos pieds l'hommage de mon tendre et respectueux attachement.

CXCIV

Ce 2 mars, samedi.

Princesse,

Je comprends tout ce que vous me faites l'honneur de me dire : je n'ai pas le mot de

---

1. Le dîner fondé par M. Bixio, qui avait lieu chez Brébant, tous les premiers vendredis du mois.

l'énigme[1], et je crois qu'il n'y en a d'autre que la passion une fois engagée, l'amour-propre toujours (cet éternel amour-propre) qui ne veut pas se dédire et qui va renchérissant dans ce qu'il a une fois avancé, jusqu'à ce qu'enfin il arrive à forcer les gonds. Je serais d'avis qu'on laissât tomber tout cela et s'user de soi. Ne soyez pas d'une trop grande rigueur; mais, à la première rencontre, Princesse, dites-lui, avec votre noble franchise, ce que vous sentez de l'ensemble du procédé, de l'embarras où il met tout le monde, et j'espère qu'il ne sera pas sans en ressentir lui-même quelque chose.

J'ai hier reculé, au dernier moment, devant la sortie que je projetais. Et voilà de mes faiblesses. Chacun la sienne.

Je mets à vos pieds, Princesse, l'hommage de mon tendre et inviolable attachement.

---

1. Il s'agit ici, comme dans les deux lettres suivantes, de la polémique très-vive que soutenait alors M. Émile de Girardin contre l'administration dans le journal *la Liberté,* et qui le fit condamner, le 6 mars 1867, à cinq mille francs d'amende.

CXCV

Ce lundi soir.

Princesse,

Malgré ce que j'ai dit à Renan hier à l'occasion et au sujet de l'étranger, je ne pense pas qu'il y ait grand inconvénient à recevoir ce dernier; pour l'intimité, c'est autre chose, et la Princesse seule est juge. Il est homme fort instruit et qui a du mérite intellectuel. Il me paraît prendre toute chose par le côté sérieux et non satirique; s'il est chroniqueur (ce que j'ignore), ce n'est pas un chroniqueur ordinaire. — Je désirerais bien que, malgré toutes les irritations si concevables et légitimes, ce procès de presse, qui ne peut engendrer que des difficultés, avortât. — Pourquoi la Princesse n'écrirait-elle pas à cet esprit et à cette plume endiablée qui a pris cette fois le *mors aux dents*, car c'est ainsi que je l'explique?

Je mets à vos pieds, Princesse, l'hommage de mon tendre et respectueux attachement.

CXCVI

Ce 7 mars 1867.

Princesse,

Que vous dirai-je? il a pris son parti et il a l'aiguillon au cœur. Toute partialité mise de côté et toute affection pour l'homme, et, comme si on ne le connaissait que du dehors, la vraie politique à suivre en ceci eût été, selon moi :

1° Ou de ne pas le poursuivre et de ne lui faire (ministre de l'intérieur) qu'un reproche d'homme à homme, d'ami à ami ;

2° Ou, l'ayant fait comparaître, de le renvoyer après explication et après son expression de regret, disant qu'il n'y avait lieu à poursuivre ;

3° Ou, enfin, après la séance d'hier, de le renvoyer avec absolution motivée sur ce regret qu'il a exprimé. — La prison, si elle est prononcée, est toujours odieuse, si courte qu'elle soit, appliquée à ce genre de délit ; elle honore les hommes sans les désarmer et leur confère à leur sortie plus d'importance qu'ils n'en avaient auparavant.

Je vous jure que je suis très-affecté, non pas individuellement, mais politiquement de tout cela.

Veuillez penser qu'il y a *contradiction* entre inaugurer un régime qu'on proclame plus indulgent et le faire précéder par un acte plus sévère qu'on n'eût fait du temps où il y avait des *avertissements*. L'empereur est mal servi.

C'est à ce seul point de vue que je diffère de Votre Altesse, sentant d'ailleurs comme elle et appréciant combien vous avez fait tout ce que pouvait suggérer une généreuse et indulgente amitié.

Mais évidemment il a brûlé ses vaisseaux.

Je mets à vos pieds, Princesse, l'hommage de mon tendre et respectueux attachement.

CXCVII

Ce 8 mars 1867.

Princesse,

C'est vous qui êtes mille fois bonne et indulgente de réitérer ainsi vos raisons. Je conçois tout ce que vous sentez et vous êtes dans votre rôle, dans votre nature en pensant ainsi ; mais si, à vous, il convient de ne prendre l'Empire et ce grand régime que par les nobles et larges côtés, il y avait lieu pour de vrais hommes d'État, connaissant la nature humaine, de prévoir de longue main les difficultés, celles qui naissent des choses et aussi qui proviennent des hommes. Cette dernière partie a été presque totalement négligée. On n'a pas tiré à temps des uns tout le parti qu'on pouvait leur demander ; on n'a pas pris assez de précautions à l'égard des autres en les ralliant et les engageant à l'heure où on le pouvait. Le sentiment et la conscience d'une grande force et d'une immense popularité a fait négliger la valeur, bonne ou mauvaise, utile ou dangereuse, des individus pris un à un. Or, du moment qu'on parle en public et au public, les individus, même négligés, reprennent une signification et comptent.

Je ne puis dire qu'une chose, c'est que je suis péniblement affecté de ce dernier incident, l'homme privé en moi et le particulier l'emportant sur l'homme public.

A bientôt, Princesse; mais nous en reparlerons doucement.

Je mets à vos pieds l'hommage de mon tendre et inviolable attachement.

CXCVIII

Ce dimanche.

Princesse,

Mon dimanche aura été très-sevré : j'en veux au froid. Je l'ai moi-même fort senti dans ma santé depuis quelques jours. — Je ne sais rien du théâtre, et j'apprends avec plaisir ce succès d'un vigoureux et courageux esprit[1]. — Mais je suis plein de cette politique que j'ai lue, et heureux que, cette fois encore, l'éloquent avocat ait été au niveau et à la hauteur de la grande cause qu'il avait à soutenir.

Mais quel peuple et quelle légèreté à prendre les discours de tribune comme on ferait pour des

---

1. *Galilée,* de Ponsard, représenté au Théâtre-Français, le 7 mars 1867.

airs d'opéra et à s'engouer pour de merveilleux exercices, n'importe le sens et la justesse! Eh bien, puisque... vous plaît tant, ayez-le donc comme pilote vingt-quatre heures et vous verrez! Ils ont tout oublié, et l'expérience française est toujours à recommencer. Enfin, M. Rouher a remis les esprits un peu sur pied, et il a replacé les choses à leur vrai point[1].

Je n'ai pu sortir à aucun soir de ces jours derniers, Princesse.

Je mets à vos pieds l'hommage de mon tendre et respectueux attachement.

CXCIX

Ce jeudi.

Princesse,

Malgré mon très-vif désir, il m'a été hier de toute impossibilité d'être prêt et disponible à temps pour arriver au milieu de nos amis. Je

[1]. Dans les interpellations relatives aux affaires d'Allemagne et d'Italie (séance du 16 mars 1867, au Corps législatif.)

suis péniblement averti de toutes ces privations d'esprit et de cœur. Ma journée est plus courte qu'autrefois et le total en est plus lourd.

J'y étais par la pensée, et j'espère que les philosophes, cette fois, auront bien déraisonné. Chacun son tour. La dernière fois que j'ai pu y aller, c'était le tour des poëtes.

Je suis à vous, Princesse, avec un tendre et inviolable attachement.

CC

Ce 8, lundi.

Princesse,

Il est évident qu'ils veulent faire du *Constitutionnel*, pendant l'Exposition, une vache à lait et une machine à annonces qui leur rapporte le plus possible de la part de tous ceux qui y seront préconisés. Là est toute leur politique et tout leur art.

L'opposition, née de la vanité blessée, ne vient qu'après. — Tout est bien sombre, bien tendu et m'a l'air de se déconcerter.

-Rien de mieux, Princesse, je suis de même et j'en parle peu.

Daignez agréer l'assurance de mon tendre et respectueux attachement.

Si je puis cette semaine, je ne manquerai pas d'aller une heure rue de Courcelles. Saint-Gratien doit être bien charmant dans cette première fleur de printemps.

CCI

Ce dimanche, 14.

Princesse,

Je vous suis de mes regrets dans cette agréable promenade à Saint-Gratien. — Mon dimanche sera toujours maintenant le jour où je vous verrai.

Agréez l'hommage de mon tendre et respectueux attachement.

CCII

Ce 1er mai.

Princesse,

J'ai promis d'écrire à Votre Altesse. Ce que je puis dire, c'est que mes médecins pensent que l'exploration n'a pas eu de mauvais résultats ; mais, pour me servir de l'expression de M. de Nieuwerkerke, votre *pauvre Beuve* reste un peu plus ébréché après qu'avant. Espérons que cela n'aura pas de mauvaises suites.

Je crains fort de ne pouvoir sortir demain dans l'état où je suis encore et de manquer l'Académie.

Le cœur reste intact et tout à vous, Princesse, avec respect et inviolable attachement.

CCIII

Ce vendredi.

Princesse,

Je reçois les odorantes et savoureuses primeurs dont je remercie votre bonne grâce.

J'ai beaucoup pensé mercredi : je ne me suis pas trouvé, à moi, les trois heures nécessaires pour le petit voyage de la rue de Courcelles. La durée même et la fixité de mon état sont le contraire d'un mieux.

Je n'étais pas hier à l'Académie. Si je voulais mourir sur un champ de bataille, je vous avoue que j'en choisirais un autre. Je suis avec une certaine anxiété ces choses qui m'ont l'air de s'enchaîner comme fatalement et qui sont peut-être prévues et préparées par une volonté taciturne. Que veut-on au fond et que sortira-t-il de là ? — La beauté du soleil, le printemps dans toute sa fleur et son honneur, l'émulation des arts qui s'étalent de tous côtés à qui mieux mieux et rivalisent, semblent vouloir la paix, la confiance et appeler la joie... Et pourtant... — J'ai tout le temps de rêver et de réfléchir, et je réfléchis trop.

Daignez agréer, Princesse, l'assurance de mon tendre et inviolable attachement.

CCIV

Ce 4, samedi.

Princesse,

Je suis toujours dans un assez mauvais cas, non pas pour la gravité actuelle, mais pour les conséquences si cette bêtise qui nous arrête ne cesse pas.

Ricord dit que mon vrai nom devrait être : *Noli tangere*, ce qui se traduit par : *Gare à qui me touche!* En effet, mon organisation s'irrite et se trouve lésée de ce que d'autres supportent aisément.

Gautier, du moins, a eu un joli chiffre de minorité. J'espère qu'une autre fois il passera d'emblée [1].

Il faudra pourtant tâcher que Berthelot, grand

---

1. L'Académie française avait à donner un successeur à M. de Barante (2 mai 1867). Au premier tour de scrutin, M. Théophile Gautier eut onze voix ; au second tour, douze. Le père Gratry fut nommé. — Le même jour, M. Jules Favre succéda à M. Cousin.

inventeur, ne s'épuise pas à faire des cours : un cours suffit. Duruy ne pourra jamais; mais, si l'empereur, si digne de comprendre les hautes sciences et de les maintenir, le veut, Duruy pourra.

Je mets à vos pieds, Princesse, l'hommage de mon tendre et inviolable attachement.

Je mets ici la lettre qui indique à Votre Altesse un bienfait à achever, à compléter.

CCV

Mardi 7 mai.

Princesse,

Merci. — Depuis hier soir, notre inquiétude (celle de mes médecins et la mienne) a cessé et je sens un mieux notable de ce matin. S'il ne revient pas d'anicroche, je serai bientôt comme je l'étais avant cette recherche par trop de curiosité.

Ce séjour de Rome fera du bien à vos jeunes amis.

Quel beau temps et quel regret de n'en pouvoir jouir dans votre compagnie!

Agréez, Princesse, l'hommage de mon tendre et inviolable attachement.

CCVI

Ce samedi 11 mai.

Princesse,

Je prends bien part à votre douleur; j'avais grand goût pour cette bonne comtesse si dévouée, si droite, qui avait dû être si belle : le profil de Dante, en femme!

Ricord étant malade, le docteur Phillips sort de chez moi. Il vient de me faire une visite à fond; sa conclusion est rassurante. J'étais fort abattu avant de le voir. Il me redonne l'espoir que je reverrai mes amis et chez eux.

Quel beau printemps, Princesse! et dire que je ne pourrai en jouir nulle part à vos côtés!

Je mets à vos pieds l'hommage de mon tendre et inviolable attachement.

CCVII

Ce 17 mai.

Princesse,

Je savoure d'avance l'odorant présent d'ananas. C'est me gâter vraiment!

Je suis tout à fait mieux et comme auparavant, — de plus, avec la sécurité, — Ricord étant guéri et Phillips m'ayant prouvé toute son habileté. Je ne suis plus, en un mot, qu'un infirme et un invalide, non un malade. La joie se loge où elle peut.

C'est bien que Feuillet soit à Fontainebleau : c'est une résidence de roi. On dit que son roman[1] dans la *Revue* est bien.

Je suis tout à vous, Princesse, du fond du cœur et avec un tendre et inviolable attachement.

---

1. *Monsieur de Camors.*

CCVIII

Ce 23 mai.

Princesse,

Oui, travaillez ferme pour le succès de cette affaire Berthelot. Je vous jure que c'est une belle et bonne chose. Mais Duruy n'a que des idées inférieures en fait d'enseignement et d'études. Cet ordre de sciences le dépasse. Il n'était bon qu'à être un très-bon applicateur et inspecteur sous un chef. Il n'y a que l'empereur pour lui dire : *Je le veux, faites!*

Je prends bien part en idée à ces fatigues du monde; vous suffisez à tout, vous y excellez; mais la nature la plus royale elle-même a besoin de ces temps de repos et de sommeil.

Mais je n'en suis pas là, Princesse, où votre affection se figure. Hier, j'ai fait une sortie en voiture en compagnie et sous l'œil du docteur Phillips, qui a voulu observer de près mes gênes. Il a suivi jusqu'au bout sa petite expérience et le résultat lui a paru rassurant. Reste, toutefois, l'état d'empêchement, qui est mon fonds de tristesse.

Je mets à vos pieds, Princesse, l'hommage de mon tendre et inviolable attachement.

CCIX

Ce samedi.

Princesse,

Je tremble toujours quand je vois toutes ces fêtes monstres [1] : la folie a tant de chances de s'y glisser [2] !

Pour moi, ce sont moins les fous encore qui m'indignent que les sots, ces avocats en robe qui, la veille, insultent un hôte, compromettent la France et font une gaminerie indigne dans le parvis même où siége la justice [3]. Oh ! la logique

---

1. L'Exposition universelle de 1867, et tout ce qu'elle entraînait de manifestations et de réjouissances officielles.

2. Allusion à l'attentat de Berezowski contre l'empereur de Russie, après la revue du bois de Boulogne (6 juin 1867).

3. On avait crié : *Vive la Pologne!* sur le passage du czar, pendant sa visite au palais de justice.

n'est pas notre fort. Espérons qu'il y aura une réaction tout à côté de la sottise. Nous payerons-nous toujours de déclamations? — Tout ce qui se passe d'ailleurs, vu de loin et par un moine (le moine *malgré lui* que je suis), n'est certes pas sans grandeur ; c'est un spectacle unique, et je ne puis m'empêcher de croire que la civilisation au sens le plus élevé y gagnera.

Je cherche à deviner quelques-unes de vos pensées, Princesse, et à me mettre en harmonie avec elles.

Je mets à vos pieds, Princesse, l'hommage de mon tendre et respectueux attachement.

CCX

Ce 14 juin 1867.

Princesse,

Je n'ai guère personne sous la main pour me renseigner, et Nisard serait à cet égard la *pierre de touche*, puisqu'il s'agit d'un de ses fonctionnaires. Il me semble toutefois que vingt-cinq francs la leçon est tout à fait un maximum des plus honorables.

Voilà un léger répit dans cette avalanche de fêtes; j'en jouis pour vous, Princesse, et vais vous savoir avec plaisir sous ces beaux arbres de Saint-Gratien.

Avec plaisir et le cœur gros, tout bas! En suis-je donc exclu pour toujours? — Et pourtant je n'ai pas péché comme Adam pour ne plus avoir le droit d'entrer dans le *jardin!* Si Phillips me débarrassait cet automne et me délivrait des obstacles qui me clouent à ma chaise, il n'y aurait pas assez d'autels à lui dresser.

Je suis à vous, Princesse, avec un tendre et respectueux attachement.

CCXI

Ce lundi.

Princesse,

Voici la brochure. Livrez-vous à une de ces belles colères qui font que ceux qui vous aiment vous aiment mieux et faites-m'en part.

J'ai répondu. J'ai beau faire, j'ai un faible (reste de mes souvenirs de jeunesse) pour ceux qui osent en art, fût-ce un peu à tort et à travers.

Je mets à vos pieds, Princesse, l'hommage de ma gratitude et de mon inviolable attachement.

CCXII

Ce 5 juillet 1867.

Princesse,

... Le docteur Phillips a été très-flatté de savoir que son cottage avait été honoré d'une telle visite. Il rêve pour moi des voyages en barque. Moi qui me sens, je souris et suis peu crédule à tant d'espoir.

Princesse, je mets à vos pieds l'hommage de mon tendre et inviolable attachement.

CCXIII

Ce 9 juillet.

Princesse,

Je suis bien sensible à ce bon intérêt. On a voulu, en effet, me donner des tracas, et j'ai eu une vraie peine pour cette affaire de l'École normale, en ayant été comme l'occasion directe[1].

---

1. L'École normale venait d'être licenciée, à la suite de la publication d'une lettre de félicitation, écrite par les élèves à M. Sainte-Beuve pour sa vigoureuse défense des droits de la pensée au Sénat, dans les séances des 29 mars et 25 juin 1867. Dans la lettre suivante à M. Duruy, M. Sainte-Beuve prend la défense d'un des meilleurs élèves de l'École dont la faute originelle était d'avoir tenu la plume au nom de ses camarades.

« Ce 22 juillet 1867.

» Monsieur et cher ministre,

» Laissez-moi vous parler, à mon tour, d'une affaire à laquelle je suis si fort intéressé et qui m'a causé un vrai chagrin. Vous avez assisté au commencement de cet orage le jour où vous étiez au Sénat, ce jour où vous avez si bien défendu votre loi d'enseignement primaire, et où j'ai subi cette avanie (*l'apostrophe de M. Lacaze et du maréchal Canrobert*). Depuis lors, je ne crois pas qu'il y ait rien eu de ma faute, et cependant tout s'est passé comme si je m'étais rendu coupable de

L'inconcevable faiblesse de ... et la roideur non moins incroyable de ... ont dès l'abord brouillé une affaire qui devait se terminer à l'intérieur. — L'absence du ministre a failli mettre les choses au pire. J'espère que tout est réparé depuis hier soir et que cela finira par l'éloignement *temporaire* d'un très-bon élève qui n'est pas plus coupable que les autres et qui rentrera après une courte éclipse.

quelque méfait politique. J'ose me flatter que ce n'est pas vous qui êtes de cet avis ; car au fond notre cause n'est pas si éloignée ni si distante, et je ne vais si en avant que parce que je n'ai pas la même responsabilité.

» Je viens faire appel à votre esprit de justice en faveur du jeune élève L..., dont je puis au besoin vous montrer les lettres. Cette correspondance, entamée par lui, au sujet de la loterie de bienfaisance de l'École, s'est trouvée ensuite contenir, au milieu du remerciement pour le lot que j'avais envoyé, le paragraphe dit d'*adresse* qu'on a eu le tort de publier. Tout le tort est là, pas ailleurs, comme vous le verriez par la suite même des lettres. L'autre tort retombe en entier sur M. ... qui n'a pas su attendre votre arrivée et réserver jusque-là l'état de l'École et le sort des personnes. Ce jeune élève L..., frappé à cause de moi, choisi d'abord entre tous ses camarades sans être plus coupable qu'aucun, mérite votre indulgence, et il n'a en rien mérité ce coup précipité que les... ont pris sur eux de lui appliquer. Il est devenu mon client naturel.

» Vous concevrez mieux que personne, monsieur et cher ministre, le sentiment qui m'anime dans cette requête que j'ai

Quant au cartel Lacaze-Heeckeren, c'est une chose que j'ai dû mener à ma manière; au fond, j'y vois du ridicule et un peu d'odieux. J'espère que l'opinion est pour moi, si j'en crois le battement du pouls qui se fait vivement sentir.

J'ose espérer, Princesse, que vous m'accorderez en tout ceci quelque crédit, absent que je suis, sentant autrement que bien des personnes qui ne sont pas du même milieu que moi et qui

l'honneur de vous adresser. Vous avez sans doute écouté jusqu'ici beaucoup de sénateurs : daignez en écouter un qui paraît l'être bien peu, au cas qu'on fait de lui, mais qui tâchera de compter pour sa part et pour sa voix, et qui est du moins de vos amis.

» Avec toutes mes excuses et mes respects. »

La justice, qu'invoquait M. Sainte-Beuve, fut rendue, et, vers la fin des vacances, il reçut ce billet de M. Danton, directeur du personnel au ministère de l'instruction publique :

« 29 septembre 1867.
« Monsieur,

« En faisant donner à M. L... un poste que les normaliens, reçus agrégés, n'obtiennent pas toujours, je savais que je vous serais agréable; mais je tenais aussi à satisfaire ma conscience, en réparant, à l'égard de ce jeune homme, une mesure prise malgré moi. — J'ai dû, par convenance, laisser ignorer au public mon opinion sur cette affaire; mais rien ne m'empêche de vous dire que, si j'avais été le maître, ce n'est pas l'École normale qui aurait été licenciée.. etc. »

ne sont pas obligées de voir ces questions sous le même jour. J'espère encore une fois que je ne sortirai pas de toute cette lutte diminué ni aplati, et que je paraîtrai encore digne d'être votre ami.

Mais que ces grands corps de l'État, que ces grandes assemblées sont loin d'être présidées comme elles devraient l'être! Que d'imprévoyances!

Daignez agréer, Princesse, l'hommage de mon tendre et inaltérable attachement.

Votre protégée du Conservatoire, Mlle C..., va passer, avec sa mère malade, une saison à Enghien. Cette mère est une personne des plus distinguées; la jeune personne est très-bien, très-gentille. Une ambition de la pauvre mère serait de conduire un jour, un matin, sa fille à Saint-Gratien, et peut-être que vous pourriez l'entendre un quart d'heure chanter à ce piano que Mme de Fly tient si agréablement. Vous jugeriez de cette jeune voix.

Je parle peu de ma santé, — la même, mais sans mieux.

CCXIV

Ce 20 juillet 1867.

Princesse,

Un vrai découragement que j'ai tout au fond de moi m'empêche d'écrire, à moins que je n'y sois provoqué. Qu'écrire, en effet, quand je sais le fond et que (malgré les bonnes paroles d'indulgents médecins) mon état ne reviendra jamais tel que la vie sociale me soit encore permise?

J'ai dit à l'aimable docteur Phillips votre bonne grâce, dont, certes, il usera prochainement.

J'ai eu des nouvelles de Saint-Gratien de divers côtés, et par Sacy, heureux, jeune, rayonnant, plein d'une belle flamme : j'ai le feu, la flamme m'est refusée.

Ces bonnes et excellentes personnes, Mme C... et sa fille, sont à Enghien, logées à l'établissement même des bains.

Il y aurait bien à dire sur cette solution normale; M. Duruy dira ce qu'il voudra : tout ceci a été mal mené et mal conclu. Qu'il répare de son mieux à l'avenir!

L'avenir préoccupe un peu : après les fêtes et le décor, on se retrouve en présence de la réalité. Que médite-t-on? Quelles chances nous réserve l'année qui vient? La tête de bronze — celle que vous auriez quelquefois voulu casser pour savoir ce qu'elle renferme — nous garde-t-elle quelque surprise? L'idée seule que cela est possible est un inconvénient et tient les choses en échec. Personne n'ose s'abandonner.

Ces questions, que je me pose comme chacun, me seraient toutefois légères si je pouvais, comme autrefois, courir, errer, me retrouver, ne fût-ce que quelques heures, sous les ombrages embellis par votre présence.

Présent ou absent, je suis à vous, Princesse, d'un tendre et inviolable attachement.

CCXV

Ce 25 juillet.

Princesse,

Ils ont beau dire, les docteurs! les meilleurs ne savent pas ce que j'éprouve et où le bât me blesse. Je sens, je me tais, je gouverne mon mal comme je puis, je cause un quart d'heure ou dix minutes tous les huit jours avec l'excellent docteur, qui a la sagesse d'attendre, de ne pas insister sur le point inconnu et de voir venir la saison. Mais aller, mais sortir, mais prendre une voiture, mais sourire et voir sourire, mais être gai (tout heureux que je suis de savoir la gaieté des autres et d'entendre l'écho des voix amies), c'est plus que je n'en saurais demander à mon esprit, devenu silencieux et sévère. Pardonnez-moi, ô la plus aimable des amies! si vous n'étiez la plus ravissante ou séduisante (le mot est de Gavarni) des princesses!

Je crains bien que l'Académie, cette fois-ci, ne chauffe pas encore pour notre cher Gautier si Henri Martin se met en avant. Il serait bien digne de votre bonté de lui avoir un dédommagement et de lui ménager un peu d'appui pour son beau et fier talent, un peu las et saturé.

La saturation, il y a un moment où cela vient dans ce repas qu'on appelle la vie : il ne faut qu'une goutte alors pour faire déborder la coupe du dégoût. J'ai quelquefois pensé que, malgré le plaisir que je prenais à vivre depuis quelques années dans ce cercle heureux où je rencontrais un charme, je pouvais, moi aussi, en venir à cette disposition rassasiée où le cœur se noie. — Mais je ne serai point ingrat, quoi qu'il arrive, et le sort, en somme, ne m'aura point maltraité. Il m'aura traité bien mieux qu'un nombre infini de mes semblables qui valaient autant ou mieux que moi; et j'aurai eu des journées qui, par leur distinction et leur douceur embellie, comptent plus à elles seules que bien des années vulgaires.

Je suis à vous, Princesse, d'un tendre et inviolable attachement.

CCXVI

Ce 11 août 1867.

Princesse,

Je me le reproche. Je n'aime à écrire que sur des faits particuliers, j'aime peu à remuer mes sentiments; ils sont voilés, ils sont ternes et tristes. Depuis quelque temps, j'ai une singulière vue des choses : j'assiste, je ne vis pas[1].

J'ai vu les Goncourt à leur retour de Saint-Gratien : mieux de santé, bien d'esprit et d'entrain. Ce petit ruban, qui plaît apparemment quand on est encore jeune, leur viendra-t-il à temps et non dédoublé ? Votre bonne grâce y pense, mais ailleurs il y a si peu de bonne grâce !

L... l'aura à coup sûr ; il est à la source, il le désire, il rend depuis quelque temps des services agréables par sa plume ; je ne vois pas pour lui de chance de manquer cette gloriole qui, dans le cabinet d'un ministre, est de tenue et de rigueur.

J'aurais aimé à entendre M. Benedetti, même muet sur les choses d'État ; mais il y a tant d'accessoires intéressants sur les hommes et les choses ! Et il voit si bien, il dit si net !

On m'a dit que le jeune et beau Giraud[2] était revenu attristé et non tout à fait guéri ; qu'en est-il ?

---

1. C'est le mot d'une lettre de Ducis à Bernardin de Saint-Pierre : « Je ne vis pas, j'assiste. »

2. Fils et neveu des peintres de ce nom.

Je remercie bien son aimable père d'une pensée si hospitalière qu'il a eue pour moi. Mais ce qui n'est pas une distance, ce qui n'est qu'une enjambée quand on est bien, devient tout de suite une immensité quand chaque pas coûte.

On m'a dit de singulières choses sur le départ du précepteur impérial, M. Monnier. Le discours de Duruy a peu réussi au dehors [1]. Toute cette branche si délicate est bien étrangement menée. Mais on a tout dit là-dessus.

Je fais mes compliments à Hébert [2]; il a eu quelques ennuis et beaucoup aussi de satisfactions. Il est assez haut pour que l'envie s'en mêle. Je lui fais mon compliment.

Mon cher docteur Phillips est sous le charme de la bonté et de l'ouverture qu'il a rencontrée dans la châtelaine de Saint-Gratien.

Je suis, Princesse, avec un tendre et inviolable attachement, tout vôtre.

SAINTE-BEUVE.

1. Le discours de distribution des prix au concours général (7 août 1867).
2. M. Hébert, directeur de l'Académie de France à Rome, venait d'être nommé officier de la Légion d'honneur.

CCXVII

Ce 21 août 1867.

Princesse,

Pendant que le groupe heureux est à votre suite, pendant que vous allez chercher l'air de la mer, j'admire qu'on puisse faire un mouvement sous cette pesante chaleur qui nous accable à Paris.

Il y aura toujours, malgré votre amitié, une difficulté pour les Goncourt : ils sont deux, il faut deux croix, et les ministres sont avares.

Ce qu'on m'a dit de M. Monnier est un peu vague : le général Frossard l'aurait traité en *pékin*, et... il n'aurait pu s'y soumettre. Éloigné d'abord, il serait revenu sur les larmes du jeune prince; mais les mêmes difficultés se renouvelant, il serait parti une bonne fois, *sans dédommagement aucun*, et devant rentrer à son grade dans quelque collége. Tout ceci n'est sans doute pas définitif. L'influence de Mme C..., qui s'exerçait sous M. Monnier, serait atteinte du même coup. Enfin, le général Frossard et le curé de la Madeleine auraient l'un et l'autre le champ libre à l'avenir.

M. Berthelot n'a eu qu'une consolation sèche avec cette rosette. Il y a (Duruy étant impossible à réduire) quelque chose à essayer auprès du ministre des travaux publics, si M. de Forcade de la Roquette veut bien s'y prêter. On reviendrait, moyennant détour, au même résultat, et la bonne volonté de l'empereur aurait son issue de ce côté. J'aurai l'honneur d'expliquer cela verbalement à Votre Altesse à la première occasion.

On me dit l'esquisse d'Hébert des mieux réussies. A sa place, il me semble que je réussirais comme lui.

Rien de nouveau ne venant varier ma vie stagnante, je regarde, je réfléchis, je ne trouve rien, mais je me souviens, et toute plainte s'arrête devant cette douceur tranquille des souvenirs.

Je mets à vos pieds, Princesse, l'hommage de mon tendre et inviolable attachement.

CCXVIII

Ce 4 septembre.

Princesse,

J'espère aussi que dans ce cas les deux n'en feront qu'un et verront surtout dans cette distinction[1] la preuve d'une amitié si précieuse et si honorable, qui a dû forcer la main aux tièdes et aux récalcitrants.

Voilà un nouveau roman de Mme Sand[2] dédié à l'Américain Harrisse : il aura eu aussi sa croix d'honneur. — Avez-vous lu *Monsieur de Camors*, Princesse, et qu'en dites-vous? C'est mieux, dit-on, que le précédent roman[3], avec des parties fort habiles et fort agréables, mais le principal personnage est systématiquement odieux...
— Il y a eu une lettre très-spirituelle de Villemot à Veuillot : c'est gai et fort juste. Cette justesse est rare et chacun exagère à qui mieux mieux. Cela est plus sensible à qui ne bouge de

---

1. M. Edmond de Goncourt venait d'être décoré.
2. *Cadio.*
3. *Histoire de Sibylle.*

sa place et se borne à regarder. J'attends avec une sorte d'impatience l'automne, et il me semble que, si je puis encore avoir le bonheur de vous recevoir, j'aurai l'impression d'être encore des vivants.

Je mets à vos pieds, Princesse, mon tendre et respectueux hommage.

CCXIX

Ce 8 septembre.

Princesse,

J'ai lu ces charmants vers, où respire le parfum et comme la bouffée du printemps de la vie. La séve découle du jeune arbre en fleurs. — Il y a un vif sentiment d'harmonie. Il n'y a plus qu'à appliquer à quelque sujet cette jeune poésie encore errante. Ces sujets se rencontreront bien d'eux-mêmes. Je complimente l'aimable jeune homme dont le talent prend des ailes.

Je suis charmé de la réponse du chevalier de G... Oh! si dans tout ce que nous désirons il nous en arrivait seulement la moitié, que nous aurions de grâces à rendre! Je vois quelquefois ce bon M. Giraud, à qui il n'arrive rien et qui me semble avoir repris toute sa vivacité sociale et son entrain affectueux.

L'histoire vaut mieux que le roman, même pour l'amusement. Nous disions cela l'autre jour avec M. Benedetti. Il y a un livre assez curieux à lire et à avoir : *Maurice, comte de Saxe*[1], par le comte Vitzthum d'Eckstaedt ; cela se trouve chez le libraire Klincksieck, rue de Lille, 11. C'est en français et d'une lecture très-agréable, en même temps que neuf. On y a les lettres mêmes du maréchal de Saxe, sauf l'orthographe.

A force de vivre tranquille et sur place, j'ai la pensée bien stagnante ; je réfléchis, mais je n'ai pas de moi-même le mouvement. Je m'accoutume à cet état mélancolique et philosophique. Quand je me retrouve cependant en votre présence, Princesse, je m'aperçois que je voudrais mieux rendre.

Je mets à vos pieds l'hommage de mon tendre et inviolable attachement.

---

1. M. Sainte-Beuve a publié une étude sur cet ouvrage (*Nouveaux Lundis,* tome XI).

CCXX

Ce 27 septembre.

Princesse,

Je suis tenu au courant par des amis qui vont et viennent. Je sais vos ennuis; j'ai lu Charles Blanc plaidant pour la vallée[1]. Ces morts sont un grand embarras. Pourquoi ne pas permettre à ceux qui le voudraient la méthode de l'antiquité : le bûcher et les cendres? — Que d'embarras pendant la vie! que d'embarras après la mort!

J'ai aussi mon *chemin* qui me tourmente, et je crains que tous ces soins que je viens de prendre pour un nid final où je resterai coi jusqu'au grand déménagement, n'aboutissent, et assez vite, à une expropriation qui, dans l'état peu commode où je suis, me refasse errant. A quand donc le repos?

Le malade dont vous parlez ne se remet nul-

---

1. La vallée de Montmorency, où devait passer le convoi des morts pour le cimetière projeté de Méry-sur-Oise.

lement; il est seulement très-lent à mourir. Mais il n'y a jamais eu de mieux que dans les journaux. — Il tenait plus de place qu'il ne fera de vide [1].

Gautier ne s'ennuiera pas ; il a l'esprit fin et bien fertile dans le détail des choses. Ce qu'il trouve, ce qu'il voit et ce qu'il peint est inimaginable. Il a fait un morceau sur la poésie de ce temps-ci, destiné à faire partie des rapports Duruy, que l'on me dit très-beau. Théo, enfin, a de la sensibilité plus qu'on ne le suppose de loin, et il a le cœur ému autant que l'esprit en présence de la vraie beauté.

L'humanité, dès qu'on l'abandonne à elle-même, n'est pas encore prête à devenir sage. Ce congrès extravagant [2] le prouve. Il y a des gens qui pensent que le meilleur moyen de guérir les hommes des folies est de commencer par les leur laisser faire toutes d'abord, et qu'on se blasera bientôt. C'est quelquefois vrai pour les hommes dans leur jeunesse : les fous deviennent sages, les mauvais sujets deviennent des hommes

1. Le docteur Véron, mort le même jour.
2. Le congrès de Genève.

sérieux et plus habiles que les autres. Le remède pourtant est chanceux pour les nations et les sociétés. Je ne suis pas de ceux qui pèchent par trop d'espérance.

J'apprends avec plaisir et sans surprise que le portrait d'Hébert marche et avance à ravir. Il n'y a d'espérance et de bonheur que pour quelques-uns, dans des coins réservés, autour de quelques êtres de choix. Mais ces *îles* de bonheur ne sont guère permises de nos jours : trop d'accidents et de naufrages les environnent, trop de lignes de paquebots les traversent. On est pourtant heureux d'avoir connu et de connaître de ces rares oasis, dût-on en être un jour exilé.

Je mets à vos pieds, Princesse, l'hommage de mon tendre et inviolable attachement.

CCXXI

Ce 9 octobre 1867.

Princesse,

Je reçois ce matin votre bonne lettre, et M. Giraud, qui part pour Saint-Gratien, me vient voir et nous parlons de vous. Il vous dira mes vœux et mes regrets ; il m'a paru tout à fait jeune et en train de revivre.

Je suis fort touché du souvenir de la reine [1] gracieuse qui a daigné songer à un absent. Pour moi, je me rappelle une soirée au Palais-Royal où ce pauvre docteur Rayer et moi nous avons tenu tête à cette spirituelle Majesté dans l'absence de tous les fumeurs. Il n'y avait que nous deux d'hommes dans le salon. Dans ces cas-là, on fait ce qu'on peut. Où est ce temps ? où en sont les deux causeurs [2] ?...

Des deux morts dont vous me parlez, Princesse, il y en avait un à qui le public, à tort ou à raison, reconnaissait une qualité qui paraît bien simple : il savait que 2 et 2 font 4, et on ne lui faisait pas dire que cela faisait 5 [3]. Si on le regrette, c'est parce qu'il avait ce mérite-là. Il paraît que, quand il s'agit des finances publiques, il y a des gens qui calculent autrement et qui inventent une arithmétique.

1. La reine des Pays-Bas.
2. Le docteur Rayer est mort le 10 septembre 1867.
3. M. Achille Fould, qui venait de mourir à Tarbes le 5 octobre 1867.

Que de mécomptes en ce moment! et laissez-moi vous le dire, Princesse, quel désarroi de l'opinion! Comme tout semble flotter au hasard! Comment personne ne présente-t-il à l'empereur, dans un court tableau résumé, l'état vrai des esprits, l'espèce de démoralisation politique qui s'est emparée de l'opinion et qu'on a le tort de laisser durer depuis des mois? Qu'attend-on? Pourquoi faire des parties sur mer par un mauvais temps là-bas, quand on pourrait si bien jouir ici à Paris du mauvais temps et peut-être conjurer aussi des vents contraires? Je ne conçois rien à cette façon de faire ou plutôt de ne pas faire. Connaît-on bien le caractère de ce peuple-ci qui passe sans cesse de l'extrême confiance à l'extrême contraire, qui est toujours le même à travers les siècles et les régimes divers, sur lequel il ne faut jamais compter, hormis dans des instants où l'on peut tout en effet? Mais ces moments passés et quand reprend l'accès opposé, on ne saurait trop veiller, trop avoir la main au gouvernail, être présent, attentif à tout et toujours. Et surtout pas de ces apparences d'interrègne. — Voilà ce que se disent ou pensent tous ceux qui sont attachés de cœur à ce grand régime (quand ils n'y tiendraient pas par le devoir et par tous les intérêts) et qui ne désirent autre chose que de voir les grandes et nobles qualités, auxquelles la France doit tant, se manifester d'une manière efficace, présente et vive, de manière à dissiper ces vilains brouillards qu'on laisse de plus en plus s'épaissir et dont l'effet immanquable est de dérouter.

Une nouvelle intervention à Rome serait une faute mortelle. On ne s'enchaîne pas avec obstination à une telle caducité! je veux parler du pouvoir temporel. Qu'on relise ce qu'en a dit Napoléon Ier. Non, on ne saurait refaire une telle faute. Quel bon moment on a manqué, il y a quelques années, quand M. de la Valette y était ambassadeur! Mais ce n'est pas une raison, une faute faite, pour en faire une plus grosse. On soutient une branche faible, on ne soutient pas à perpétuité une branche condamnée et morte.

Excusez, Princesse, ces divagations d'un rêveur qui n'a pas à se distraire avec les aimables hôtes de Saint-Gratien et qui rumine dans son gîte. — On ne me reprendra plus à causer ainsi politique quand je vous parle ; j'ai mieux à faire en vous écoutant et en vous redisant les sentiments de reconnaissance, de tendre et inviolable attachement que je vous ai voués.

CCXXII

Ce 16 octobre 1867.

Princesse,

Me voici en requête comme cela avait lieu si souvent. La pauvre petite Mlle Marie C... est rentrée dans sa classe du Conservatoire : elle passe un examen pour la Chapelle aujourd'hui même. La lettre de sa mère, que je joins ici, vous dira l'objet de son vœu. Cette charmante mère est de plus en plus infirme du genou.

J'ai eu des nouvelles de Saint-Gratien par mon docteur Phillips. J'espère que nous aurons le bonheur de vous *ravoir* bientôt. Je réclamerai de vos bontés l'un des premiers jours du retour pour étrenner mon nouveau salon. Il va être tout à fait gentil et aussi gai que je voudrais l'être.

Je mets à vos pieds, Princesse, l'hommage de mon tendre et inviolable attachement.

CCXXIII

Ce 16 octobre (deuxième lettre).

Princesse,

Vous êtes l'indulgence même : je me rassure donc. Ces pauvres dames C... sortent de chez moi, la petite toute émue. Elle venait de passer son examen, et, à ce qu'elle dit (les cantatrices sont comme les poëtes), elle avait mal passé, gênée et contrariée par B..., qui avait ralenti *exprès* l'accompagnatrice aux moments les plus vifs et avait tout fait pour la faire manquer. Elle craint qu'Auber ne soit impressionné défavorablement. — Je l'ai rassurée et j'ai dit que, pour cette admission à la Chapelle, tout était au mieux, étant remis entre vos mains.

Ces soixante francs par mois de la Chapelle sont pour ces dames une ressource bien nécessaire afin de suffire à un maître de chant, Hustache, répétiteur à l'Opéra et maître excellent qui remplacera utilement pour la jeune personne le Conservatoire.

Je remets à vos pieds, Princesse, l'hommage de mon tendre attachement.

CCXXIV

Ce lundi.

Princesse,

Voilà vos dons qui recommencent : je me régalerai de ces poires de Saint-Gratien, car je suis moins que jamais indifférent aux rares petits plaisirs qui me restent.

J'ai eu grand bonheur hier à vous revoir, et quelque chose me dit que je suis maintenant moins loin de vous.

Veuillez agréer, Princesse, l'hommage de mon tendre et inviolable attachement.

CCXXV

Ce 30 octobre.

Princesse,

J'ai vu hier matin cette charmante fille de Théophile Gautier, Mme Catulle Mendès ; elle venait avec son mari pour me parler de vos bienveillances et de l'objet où elles pourraient s'appliquer en faveur de ce mari, poëte lui-même, et pour qui tous emplois ne seraient pas indifféremment bons. Une visite qui m'est survenue m'a empêché de continuer l'entretien sur ce point, qui est toutefois l'important. Elle mérite bien intérêt, talent si délicat dans une forme si belle. Je la voyais pour la première fois d'assez près et distincte de sa sœur ; elle m'a charmé. Est-ce qu'il n'y aurait rien de possible dans les beaux-arts ? ou peut-être à l'intérieur, M. de la Valette étant si bienveillant ? Mais il faut pour cela qu'il reste.

Je mets à vos pieds, Princesse, l'hommage de mon tendre et respectueux attachement.

CCXXVI

Ce 8 novembre, vendredi.

Princesse,

Hier, en vous apercevant, le tapissier s'est piqué d'honneur, il a rougi pour moi ; et dès aujourd'hui le petit salon est prêt, les tapis sont renouvelés, enfin le petit logis est moins indigne de vous recevoir.

La semaine prochaine, oserai-je vous proposer ou *jeudi*, ou *vendredi*, ou même *mercredi*, le jour à votre convenance, pour cette fête tant attendue de moi? Vous auriez la bonté encore, une fois le jour choisi par vous, de le dire à Mme Espinasse, qui serait par vous invitée comme elle doit l'être, ne pouvant me le permettre moi-même. J'avertirai aussitôt le surintendant, auquel je tiens fort pour mille et une raisons, dont la principale est le plaisir que j'aurai à le voir.

Je mets à vos pieds, Princesse, l'hommage de mon tendre et inviolable attachement.

CCXXVII

Ce dimanche.

Princesse,

J'ai été très-heureux l'autre jour et plus que je ne l'ai pu marquer. Ma fatigue était surtout dans la voix et, par un singulier guignon, le rhume, que je n'ai jamais, avait choisi ce jour-là pour me prendre au gosier.

J'aurais voulu vous pouvoir plus retenir et nos aimables convives; mais vous-même avez paru à un moment un peu souffrante, Princesse. Êtes-vous tout à fait bien? Je continue de ne pouvoir dire trois mots sans tousser; mais maintenant, et jusqu'à ce que je vous revoie, ça m'est bien égal.

Phillips est venu dès le lendemain s'assurer que son sujet allait bien pour l'essentiel.

Je mets à vos pieds, Princesse, l'hommage de ma tendre gratitude et de mon inviolable attachement.

CCXXVIII

Ce mardi.

Princesse,

Ce sont des infamies!

Cette condamnation ne peut être qu'une condamnation pour de *petits vers* qui auront paru trop légers. Il me semble en avoir un vague souvenir. Il importerait de savoir au juste de quelle nature précise est cette condamnation. Si c'est ce que je suppose, il n'y a pas lieu à tant de puritanisme, l'enfant était mineur [1].

Quoi! toute une vie brisée parce qu'à dix-neuf ans on aura été jeune!

Je ne vois rien en ce moment, Princesse, que ma haine contre les méchants.

A vos pieds l'hommage de mon tendre et inviolable attachement.

1. M. Catulle Mendès.

CCXXIX

Ce 28 novembre.

J'écris à l'instant à T... pour le faire rougir de son procédé et pour lui dire ce que j'en pense.

Tenez ferme, Princesse, et le mal ne se consommera pas.

A vos pieds l'hommage de mon tendre et inviolable attachement.

CCXXX

Ce vendredi 29.

Princesse,

Il y a eu erreur dans la conjecture. Ma lettre a vite atteint M.. T... : il est venu me voir à la minute. Il ne *connaissait* pas M. Catulle Mendès et n'en savait rien que ce que je lui ai moi-même appris.

Le cousin (et non neveu) de lui, dont il a été question, ne désirait que permuter une place qu'il a au Crédit foncier, pour une place (fût-elle moindre d'appointements) à la maison de l'empereur, et ce cousin n'est nullement concurrent de M. Mendès pour la place en question. — M. T..., à qui j'ai dit ma note pour le maréchal[1], l'a trouvée juste et a ajouté qu'il la signerait.

Mais que de misères et de mystères pour une simple bonne action que votre bonté vous a suggérée, et que ces corridors et ces entre-sols de ministères renferment donc de méchantes allées et venues et d'intrigues!

---

1. Le maréchal Vaillant, à qui M. Sainte-Beuve avait adressé la note suivante :

« J'apprends avec peine que M. Catulle Mendès est près d'être exclu de la bienveillance du maréchal pour un fait de jeunesse, remontant à six ans passés. Ce n'est point un fait de mœurs, c'est un fait de *presse*. Ce jeune homme a publié quelques vers trop libres, il a eu tort, mais est-ce un crime irrémissible et qui doive entacher sa vie? Le maréchal, qui sait si bien son Horace, peut-il juger sévèrement et inexorablement un délit qui consiste à avoir fait une ode trop légère à vingt ans? Lorsque M. Catulle Mendès fut condamné, je ne sais qui a dit : « Voilà ce que c'est que de s'appeler *Catulle!* » Quoi! ce maréchal si lettré n'aurait pas donné à Piron une place dans ses bureaux à cause de cette fameuse ode, péché de jeunesse! Or, M. Mendès n'a rien fait de si grossier.

« Je voudrais qu'il y eût en France un grand honnête homme

Il m'est impossible pourtant d'imaginer que vous ne réussirez pas.

Daignez agréer, Princesse, l'hommage de mon tendre et inviolable attachement.

CCXXXI

Ce 4 décembre 1867.

Princesse,

De grandes souffrances venues, je ne sais pourquoi (à cause de la neige, sans doute) m'ont empêché de répondre aussitôt à votre bonne lettre.

de l'ordre judiciaire, un L'Hôpital, un d'Aguesseau, un Lamoignon, ou même un Portalis : on lui poserait le cas, on lui demanderait : « Est-il juste que toute la carrière d'un jeune « homme soit brisée à l'avance et comme interdite pour un tel « délit de jeunesse? » Je suis persuadé que cet homme, qui représenterait la conscience de la loi, donnerait un jugement favorable. Mais le maréchal si respecté et si lettré n'est-il pas lui-même cet honnête homme, qui a droit de prononcer le verdict?

« Et à cela j'ajouterai que l'homme qui a dénoncé M. Mendès, s'il dépend du maréchal, mériterait, lui, d'être destitué.

» 27 novembre 1867. »

Je pense, en effet, que l'empereur a fait à peu près ce qu'il voulait, ni plus ni moins, et que M. de Moustier a parlé simplement dans cette ligne [1]. La simplicité abrégerait, en effet, bien des choses.

Je crains bien que ce maréchal, à force d'hésiter, n'ose signer. Ils se croient donc tous immaculés dans ce ministère! Qu'un peu de bien a de peine à se faire!

Vous recevrez, Princesse, une lettre de remercîments de la pauvre malade Mme C..., qui, grâce à vous, a obtenu pour sa fille classe et Chapelle.

Il m'en coûte de ne pouvoir plus envisager la vie du côté qui sourit. Je m'y sentirais encore disposé.

Je suis à vous, Princesse, avec un tendre et inviolable attachement.

---

[1]. *Le Moniteur* de la veille avait publié la convention postale entre la France et la Bavière, relative à l'affranchissement jusqu'à destination des papiers de commerce ou d'affaires, ouvrages manuscrits ou épreuves d'imprimerie, portant des corrections typographiques.

CCXXXII

Ce 10 décembre 1867.

Princesse,

Que Votre Altesse soit assez bonne pour m'excuser de dicter !

Mon état de souffrance est le même, quoique les médecins s'accordent à dire que ce n'est rien.

Je n'ai aucune force ni aucune capacité d'attention.

Je ne vois, Princesse, qu'une chose à faire : mander le coupable, le faire se confesser complétement. Je le sais informé de la difficulté qui s'élève contre lui. Qu'il montre à Votre Altesse ces mauvais vers. Qu'il fasse voir surtout qu'il a été coupable d'une imitation d'Alfred de Musset. Son plus grand délit est là. Je suis persuadé que l'empereur, pris pour juge, prononcera le verdict ; mais quel ... que ce soi-disant lettré de ministre [1] !

---

1. « ... On *les* flatte d'être de l'école d'*Horace*, parce que vieux, ils font quatre malheureux vers latins comme un éco-

J'ai bien souffert moralement de ces paroles imprudentes arrachées au plus joufflu des orateurs[1]. Quoi! l'empereur ne pourra-t-il trouver des interprètes vrais et sûrs de sa politique?

Toute cette lettre sent le malade, Princesse, et l'homme irrité, — l'homme attristé surtout

---

lier de quatrième ! Ils ont gardé du cuistre, ils n'ont rien pris des muses. » (Extrait d'une lettre de M. Sainte-Beuve sur le même sujet.)

2. M. Rouher, dans la discussion au Corps législatif sur les affaires de Rome (4 et 5 décembre 1867). — M. Sainte-Beuve écrivait, dans le même temps, à un correspondant de Genève : « (8 décembre 1867). Eh bien, voilà le gouvernement parlementaire en pleine fonction. Vous êtes contents, messieurs? Ce que j'admire une fois de plus, c'est comme notre nation est une nation de montre, de spectacle, d'émotion dramatique. Ils sont tous, même les chroniqueurs libéraux..., à s'émerveiller sur l'effet et les péripéties de cette séance du 5, où l'on a vu M. Rouher s'engageant graduellement jusqu'à dépasser le but, traîné à la remorque par deux acolytes imprévus, M. Thiers et M. Berryer, et en venant à laisser échapper, du haut de la tribune, ce fameux mot *Jamais!* qui a toujours porté malheur à ceux qui l'ont proféré. Ces messieurs, spectateurs privilégiés de la séance, sont tout heureux de vous faire assister à ce bête de triomphe de M. Chesnelong : ils oublient le fond et le fait, qui est ce misérable pouvoir temporel, une dernière honte de la civilisation, et ils ne voient qu'une des scènes accidentées de l'éloquence parlementaire, objet littéraire de leur culte... »

de ne point entrevoir l'instant où il pourra vous entendre.

Je mets à vos pieds, Princesse, l'hommage de mon respectueux et inaltérable attachement.

CCXXXIII

Ce 28 décembre 1867.

Princesse,

Permettez-moi de dicter.

Je suis toujours très-faible et je n'ai pas cette sensation du mieux que les médecins déclarent.

Je suis incapable de toute conversation et dans un état de torpeur presque habituel.

Mais il faut faire son devoir et tâcher d'être le moins inutile possible.

Je suis chargé pour vous, Princesse, d'un magnifique volume relié à vos armes, contenant les œuvres poétiques de ce malheureux [1]..., avec une lettre de sa mère pour l'empereur, le tout en vue d'une diminution de peine. Mon fidèle Troubat portera le tout un jour rue de

1. Un détenu de Melun.

Courcelles et passera par Mme de Fly. Je dicte un peu au hasard et vous sourirez.

De plus, la moindre aumône de votre part envoyée à un pauvre aveugle des Quinze-Vingts appelé La Halle sera un grand bienfait.

Je ne vous demande point pardon, Princesse, d'en user si librement : votre bonté dès longtemps m'a ôté les scrupules.

Oh! quand pourrai-je causer?

Je mets à vos pieds, Princesse, l'hommage de mon tendre et inviolable attachement.

CCXXXIV

Ce 1er janvier 1868.

Chère et bonne Princesse,

Votre vœu m'arrive, je le savais! Les miens volent vers vous et vous environnent : gardez, accroissez tous les bonheurs qui vous accompagnent et que vous distribuez sous toutes les formes autour de vous.

A vous, Princesse, d'un tendre et inviolable attachement.

CCXXXV.

Ce 3 janvier 1868.

Chère Princesse,

Je dicte toujours, étant très-faible et sans aucune sensation de mieux.

Il est arrivé, le roi des fauteuils; il a été vu, essayé, admiré, et je n'ai eu qu'une pensée, l'essayer à mon tour, et l'appliquer dans tous ses ressorts moelleux et à volonté.

Mais la maison est petite, la boîte a été faite pour des cigales, et nous n'avons pu le monter de front par le plus court chemin : l'escalade par la fenêtre du jardin est remise à demain. Je devais tout ce bulletin, Princesse, à votre aimable et généreux intérêt.

J'ai revu Viollet un moment. J'ai vu hier le bon docteur Phillips et aussi M. Giraud.—Mon Dieu! que je voudrais donc guérir pour remercier mes amis!

Je mets à vos pieds, Princesse, l'hommage de mon tendre et inviolable attachement.

CCXXXVI

Ce 8 janvier 1868.

Princesse,

J'attendais pour écrire moi-même ; malgré un mieux que je sens, la fatigue est prompte encore. — Le beau fauteuil a été monté hier et sans escalade. Mon tapissier a trouvé le joint ; mais ce n'est qu'aujourd'hui que j'en prendrai possession. Il sera moins encore fauteuil de malade que fauteuil de travail, car j'espère travailler encore.

J'ai reçu du pauvre aveugle des Quinze-Vingts une lettre de remercîment pour la Princesse ; ce sera la prochaine fois à M. Camille Doucet que nous le recommanderons.

Je me fais beaucoup lire à tort et à travers. Il y a parfois des choses assez amusantes dans ce torrent d'encre de chaque jour.

Le philosophe que je voudrais vous offrir, Princesse, n'est rien moins que Sénèque. Il n'était pas prêt. Je crois qu'il est un peu de ceux qui disent que la *douleur n'est pas un mal.* Je fais mon possible pour le croire.

Il m'est survenu, depuis ces jours derniers, un assez grave souci. Le secret n'étant pas mien, j'ai dû le garder[1].

J'ai vu hier Claude Bernard, à qui je me suis confessé comme à un médecin excellent. — Il m'a paru content.

Je mets à vos pieds, Princesse, l'hommage de mon tendre et inviolable attachement.

CCXXXVII

Ce 19 janvier 1868.

Princesse,

Nous ne recevons que d'aujourd'hui la réponse à la question que vous aviez eu la bonté de m'adresser : c'est bien du ministère de la guerre que dépend la rémission de la peine...

---

1. Le prince Napoléon avait adressé, sous forme de lettre, à M. Sainte-Beuve, un mémoire sur l'expédition romaine d'octobre 1867 et l'affaire de Mentana, qui devait paraître dans le journal *le Siècle,* précédé d'une lettre d'envoi de M. Sainte-Beuve à M. Havin. La publication en fut interdite au journal au moment même où le numéro allait être mis sous presse.

Je pense souvent à la rue de Courcelles, au cours de Zeller, aux soirées des jours non officiels, aux matinées de l'atelier, — à tout ce dont je suis privé, mais où ma pensée, un peu moins accablée, recommence à se mêler avec regret et désir, faut-il dire espérance ? J'en ai encore bien peu, sentant toujours au fond ce qui m'arrête.

J'aspire aux beaux jours, me figurant qu'il y aura peut-être un coup de soleil qui me permettra de goûter encore ce qui faisait ma joie auparavant et d'y reprendre une petite part.

Comme on devient modeste au sortir d'un mal réel ! — Comme on est prêt à se contenter des miettes du bonheur passé !

Je mets à vos pieds, Princesse, l'hommage de mon tendre et inaltérable attachement.

CCXXXVIII

Ce 13, jeudi.

Princesse,

J'ai vu ce matin M. Duruy, qui allait dîner chez Votre Altesse : il est bien sottement attaqué, et par le pape même, qui donne raison par son bref[1] à cet évêque étourdi Dupanloup. Je ne parle pas d'ingratitude : mais est-il possible de manquer de goût à ce point, — après de tels services rendus à son temporel, de s'attaquer pour remercîment à un ministre de l'empereur ! Oh ! quand la France et l'empereur se purgeront-ils de cette lèpre cléricale ?

— J'ai quelque ennui de sentir que j'avance peu et que je ne gagne pas dans mon espoir de reprendre quelque part à la vie sociale et d'amitié. Je marche, mais cette marche a son terme assez vite, et je n'ose encore m'aventurer à une longue course, dont le retour devra être à pied comme l'aller.

La pensée de la Princesse m'est habituelle, et c'est à elle que je songe surtout dans ce genre d'ennui et de privation qui m'est encore imposé.

Je mets à vos pieds, Princesse, l'hommage de mon tendre et inviolable attachement.

1. Dans ce bref, le pape félicitait M. Dupanloup de sa campagne contre les chaires d'enseignement fondées par M. Duruy pour l'instruction secondaire des filles (février 1868).

CCXXXIX

Ce mardi 25 février.

Princesse,

Quoique je n'aie pas eu l'honneur de vous écrire, j'ai pensé à ce qui avait été dit pour quelque homme jeune, de talent et de bonne volonté. Immobile comme je suis, j'en ai parlé à de plus à même que moi de connaître une telle graine déjà poussée : je n'ai pas trouvé. — M. Dalloz m'a indiqué un homme capable et de mérite, mais déjà homme fait et plus propre à diriger qu'à suivre. — Il est incroyable comme les générations nouvelles rendent peu de ce côté ; on dirait qu'elles sont stériles. C'est qu'on ne s'est soucié de rien former ni préparer en ce sens depuis quinze ans, et, à l'heure de la moisson, on ne trouve plus d'ouvriers.

Je mène ma vie de travail et de réflexion, sortant chaque soir un peu pour me réhabituer ; mais le dégourdissement ne vient que bien lentement. La rue de Courcelles est au bout de mes rêves.

Je mets à vos pieds, Princesse, l'hommage de mon tendre et inviolable attachement.

CCXL

Ce jeudi 12 mars.

Princesse,

J'ai vu de nos amis et j'ai eu plus d'un écho du mercredi, Flaubert, Gautier... C'est quelque chose de ce que je n'ai plus, de ce que je n'ai pu retrouver encore. Je m'exerce chaque jour à marcher vers six heures, et il me semble que je fais quelque progrès. On me fait espérer que la Princesse veut bien penser à venir : j'ose la prier que ce ne soit pas demain vendredi, ayant à quatre heures une visite annoncée que je n'ai pas été libre d'éluder et qui me gâterait mon plaisir. Car j'aime à le prendre seul, ayant tant de questions à faire, tant à écouter, et jaloux de reprendre un à un, autant que possible, chaque fil du passé.

La Princesse aura reçu le *Gisors* de Camille Rousset : j'en viens de faire un article [1]. Mais ne trouvez-vous pas que ce jeune homme est trop parfait ? Quoi ! pas une légèreté, pas une erreur ! — On lui voudrait une faiblesse.

J'ai un peu de souci, étant obligé par position de dire quelque chose sur cette loi de la presse au Sénat, et n'ayant, pour être sincère, rien à dire de satisfaisant dans aucun sens. Combien j'aime mieux n'être en face que de mes livres et n'avoir affaire qu'à mes morts !

Je mets à vos pieds, Princesse, l'hommage de mon tendre et inviolable attachement.

CCXLI

Ce 28, samedi.

Princesse,

Je l'écrivais hier à Mérimée, j'ai rarement vu un aussi mauvais discours de réception [1], et j'en

---

1. *Nouveaux Lundis,* tome XI.
2. L'éloge de M. de Barante par le père Gratry à l'Académie française (26 mars 1868) : — « ... Le père Gratry, écrivait

ai bien vu. L'Académie recueille ce qu'elle a semé, et il paraît qu'elle s'en félicite. Ce Gratry n'a pas même su nous donner une faible esquisse de ce pâle M. de Barante : il s'est jeté dans l'abstraction et dans le mystique, non sans se passer les attaques et les sournoiseries. Ce qui ne me révolte pas moins, c'est l'éloge que M. Vitet a fait de ce faux savant et de cet esprit si peu juste. Oh! que le genre académique est donc un genre faux et le contraire du vrai! Nous voilà bien lotis avec ce nouveau confrère qui fait la paire avec le Dupanloup. Cela me console de n'y pas aller.

On dit Duruy très-menacé et à la veille de partir. Qui mettra-t-on pour le remplacer? Encore une concession à ces robes noires. Oh! Prin-

---

M. Sainte-Beuve à M. Mérimée, un homme qui porte écrit sur son front : *Je crois à l'Immaculée Conception*, — c'est le mot d'ordre du moderne Oratoire, — et qui, en entrant à l'Académie, s'est cru obligé, pour premier mot de bienvenue, d'insulter à Voltaire. Et il n'y a pas eu un lettré pour relever cette inconvenance, et pour l'en avertir au nom du goût! Où en est donc l'Académie en l'an de grâce 1868? — Que dirait-on d'un sociétaire de la Comédie-Française qui, le jour de sa réception dans la maison de Molière, se croirait obligé d'insulter à Molière?... »

cesse, trouvez moyen de dire quelques mots de raison à l'oreille, je vous en supplie!

Je mets à vos pieds l'hommage de mon tendre et inaltérable attachement.

CCXLII

Ce 3 avril 1868.

Princesse,

Un de mes amis bien connu de vous, M. F..., a besoin d'un appui auprès de M. Benoît-Champy, pour une affaire des plus délicates qui puisse intéresser un galant homme. Il a déjà vu le président, qui l'a bien accueilli ; mais il me demande instamment d'avoir l'honneur d'être reçu un de ces prochains matins de Votre Altesse, pour lui exposer ce qui lui tient si à cœur.

Ce sera rendre un bien grand service à un artiste éminent, Princesse, et à un homme qui a le cœur reconnaissant.

Daignez agréer, Princesse, l'hommage de mon inaltérable attachement.

CCXLIII

Ce 21 mai.

Chère et bonne Princesse,

Ç'a été en effet, mais bien relativement, un succès [1]. Le résultat de toute cette contention a été, non moins certainement, de me refaire plus souffrant et de me rendre quelque chose de mes maux : j'espère arrêter cela à temps, mais je n'ai pu assister hier à la suite de la discussion. Je savais le départ du surintendant, et je craignais que sa présence, si utile et si gracieuse l'autre jour [2], ne me fît faute : on a eu le goût, cette fois, de me traiter plus humainement.

Oh ! qu'il me tarde de rentrer dans quelque étude toute littéraire sans tout ce bruit.

Saint-Gratien doit-être bien beau : n'irai-je

1. Le discours de M. Sainte-Beuve dans la discussion sur la liberté de l'enseignement au Sénat (19 mai 1868).
2. M. de Nieuwerkerke avait réclamé le silence dans la séance du Sénat où M. Sainte-Beuve, parlant pour la liberté de la presse (7 mai 1868), ne cessa d'être interrompu par des murmures dont la véritable cause était le récent dîner du vendredi saint, raconté ailleurs.

plus? — Je n'ai pu même me donner le plaisir d'une visite au Salon : ce sont là des diminutions de la vie. On ne laisse pas de les ressentir tout bas, et c'est par là que l'on compte désormais les saisons.

J'ai reçu une lettre aimable de Viollet-le-Duc qui me vient voir aussi quelquefois. Nous nous entendons sur bien des choses autres encore que de vous aimer.

Je mets à vos pieds, Princesse, l'hommage de mon tendre, de mon respectueux attachement.

CCXLIV

Ce 26 mai 1868.

Princesse,

Voici un petit mot de Maury : il sera très-bon pour les petits jours. C'est de près qu'il a toute sa valeur.

Je joins ici les vers de ce pauvre reconnaissant.

Je mets à vos pieds, Princesse, l'hommage de mes tendres et dévoués respects.

CCXLV

27 mai 1868.

Princesse,

Je venais hier d'envoyer une lettre lorsque j'ai reçu la vôtre. Je suis un peu mieux, — pas tout à fait bien encore. — Je félicite les voyageurs, les deux pigeons revenus au gîte après une volée si splendide en deux coups d'aile : voilà notre progrès, cela ne s'est vu que de nos jours.

Il y a, par suite de ces misérables dénonciations et de ces séances prolongées du Sénat qui ont soufflé le feu, une indicible émotion chez les étudiants en médecine : ils sont venus hier *chez moi* au nombre de *deux cents* environ[1]. Ces

---

1. On a noté, dans le moment même, les paroles que M. Sainte-Beuve adressa, dans son jardin, à ces jeunes gens, auxquels on avait immédiatement ouvert la porte de la maison, afin d'éviter toute collision possible au dehors : « Messieurs, ancien élève, trop faible élève de l'École de médecine, mais fidèle et reconnaissant, rien ne pouvait m'être plus sensible qu'une démarche comme la vôtre. Il y a longtemps que

jeunes gens étaient contents de leurs professeurs, ils en sont maintenant enthousiastes. On a peine à se remettre paisiblement au train d'études. C'est ce sec et hideux cardinal qui est venu porter la confusion là où il y avait le calme et l'étude. Il serait bien bon que l'empereur sût quelque chose de tout cela. Il ne manquerait plus que de faire Dupanloup cardinal : et je vois le moment où il le sera.

Princesse, tâchez que l'empereur soit pénétré de ceci : ces *hommes noirs* sont odieux au fonds généreux de la France. C'est compromettre l'avenir que de laisser croire qu'on est lié à eux ou

---

je l'ai pensé : la seule garantie de l'avenir, d'un avenir de progrès, de vigueur et d'honneur pour notre nation, est dans l'étude, — et surtout dans l'étude des sciences naturelles, physiques, chimiques et de la physiologie. C'est par là que bien des idées vagues ou fausses s'éclaircissent ou se rectifient; que, dans un temps prochain et futur, bien des questions futiles ou dangereuses se trouveront graduellement et insensiblement diminuées, et, qui sait? finalement éliminées. Ce n'est pas seulement l'hygiène physique de l'humanité qui y gagnera, c'est son hygiène morale. A cet égard, il y a encore beaucoup à faire. Étudiez, travaillez, messieurs, travaillez à guérir un jour nos malades de corps et d'esprit. — Vous avez des maîtres excellents : évitez surtout de donner à vos ennemis aucune prise sur vous. »

avec eux. Ils sont messagers de mal et conseillers de malheur.

Daignez agréer, Princesse, l'hommage de mon tendre et respectueux attachement.

CCXLVI

Ce 8 juin 1868.

Princesse,

Que vous êtes bonne! Marie a été comblée. Elle a voulu répondre toute seule et d'elle-même, et, quand je suis rentré de ma promenade, j'ai su qu'elle avait adressé à Votre Altesse une lettre que je n'ai pas vue. J'espère que l'expression naïve de sa reconnaissance aura trouvé les meilleures expressions qu'excuserait, d'ailleurs, votre indulgence.

J'ai vu M. Giraud, qui garde son logement, sa chaire, et qui ne s'est démis que du trop et du surplus des fonctions dont on ne lui savait vraiment pas assez de gré.

Voilà un divin temps de campagne : je l'entrevois à travers mes arbres du boulevard[1].

J'envoie à Saint-Gratien mes tendres regrets et mes vœux, et mets à vos pieds, Princesse, l'hommage de mon inaltérable attachement.

Ces circulaires de M. Pinard et de M. Baroche à propos de la loi de la presse sont faites dans un assez bon esprit et conciliant.

CCXLVII

10 juin 1868.

Princesse,

Mon petit mot a croisé votre excellente lettre. Je vous vois d'ici, dans ce Saint-Gratien agrandi et encore embelli, comme je vous ai vue dans cette serre ajoutée de la rue de Courcelles, — avec les yeux de la pensée. Tout cela me rit, mais de loin, — de trop loin ! Je vais occuper mon été, toutes mes matinées du moins, le plus possible au travail. Si l'on pouvait abréger les

---

1. Du boulevard Montparnasse.

soirées et les supprimer même, je m'en trouverais mieux ; car c'est avec le déclin du jour que l'ennui vient et qu'il tombe sur mon esprit avec l'ombre. L'heure où l'on recommençait la journée autrefois et où l'agrément de la société et de l'amitié succédait à l'étude et en était comme la récompense; cette heure est lourde aujourd'hui : elle pèse, et j'entre volontiers dans de longs silences. — Je me demande à votre intention, Princesse, si je sais quelques livres nouveaux et intéressants à lire : j'en vois peu, et il y a cette année une grande stérilité, à ce qu'il semble.

Avez-vous vu ce livre de M. d'Haussonville[1]? Tout hostile qu'il est et fait *contre*, il y a des détails intéressants sur cette lutte de prêtres.

C'est encore dans les revues qu'il faut chercher sa meilleure pâture.

Nos amis Goncourt préparent quelque chose [2] : que ce succès qu'ils n'ont encore eu que d'estime et par lambeaux leur vienne entier et mérité ! Leur talent y gagnerait, en se préoccupant

1. *L'Église romaine et le premier empire.*
2. *Madame Gervaisais.*

moins et en procédant désormais avec plus de facilité.

Je me suis permis d'adresser à M. de Nieuwerkerke une demande à l'appui d'une pétition; c'est pour quelqu'un qui, je crois, mérite de prendre rang pour cette humble demande. — Il y a encore une supplique que M. de Saint-Paul a eu l'obligeance de transmettre de ma part à M. de Bosredon[1], pour un pauvre père de famille qui aspire à entrer dans les bureaux de l'intérieur. Je vous prierai peut-être, Princesse, de l'appuyer : — ou plutôt je vous en prie dès à présent. Voici la note exacte (ci-jointe) de la situation de ce brave homme, fils d'un *lieutenant-colonel d'artillerie*, âgé de trente et un ans, plein de bonne volonté, père de famille, etc. C'est de M. de Bosredon que dépend la chose.

Enfin il faut faire ce qu'on peut; la vie est surchargée, chacun en a trop. Quel singulier état de société! Je ne puis croire qu'il en ait toujours été ainsi. Et pourtant ce siècle de fer a du bon, les journées y ont de belles heures; une

---

1. Secrétaire général du ministère de l'intérieur.

conversation après déjeuner, ou le soir après dîner sous la *marquise*, a bien du charme, et j'envie ceux qui en sont.

Daignez agréer, Princesse, l'hommage de mon tendre et inviolable attachement.

CCXLVIII

Ce 16 juin 1868.

Princesse,

Il m'arrive la chose la plus bouffonne. La princesse J..., que si bien vous connaissez et qui n'est jamais en reste de gros compliments, m'en fait un ces jours-ci : je réponds poliment ; là-dessus, la dame n'y tient pas et m'envoie *trois* de ses *cahiers manuscrits intimes* où elle raconte sa vie, ses journées, ses conversations, et ne fait grâce de rien. Or, en feuilletant ce précieux cahier, qui me vient pour recueillir un éloge de plus à l'adresse de son auteur, et en le parcourant, je tombe sur une page où je suis traité (oui, moi-même) de la manière la plus grossière, la plus calomnieuse : je joins ici copie du passage, afin que vous puissiez juger, Princesse, jusqu'où vont la badauderie et l'étourderie de la personne qui communique de pareilles confidences sans se souvenir de ce qu'elle y a mis. Le hasard est souvent fort spirituel.

On est heureux d'avoir un aperçu de ces aménités qui s'imprimeront, comme évangile, le lendemain du jour où l'on ne sera plus, afin d'en montrer par avance l'absurdité. — Il est vrai qu'on en débitera bien d'autres. C'est ce qu'on appelle la réputation. — Je renvoie le cahier à la princesse J... en le biffant à cet endroit et y mettant à la marge deux ou trois notes péremptoires. — Ce ne sont pas les oiseaux de Saint-Gratien qui gazouillent de telles choses dans leur charmant ramage.

J'ai vu M. Lebrun, Phillips et M. Giraud, avec qui nous avons parlé d'Éden.

Vous qui aimez les lectures sérieuses, vous pourriez, Princesse, essayer des *Mémoires*[1] de

---

1. M. Sainte-Beuve leur a consacré trois articles dans le tome XI des *Nouveaux Lundis*.

Malouet : il y a des passages intéressants, et en sautant par-ci par-là, on se fait une idée juste de la société du temps et des débuts de la Révolution. L'auteur était un honnête homme.

Veuillez agréer, Princesse, l'hommage de mon tendre et inviolable attachement.

Ci-joint le passage du *Cahier manuscrit tome IX*, intitulé : NOTES ET SOUVENIRS DE LA PRINCESSE J..., — lequel cahier a été communiqué par elle à M. Sainte-Beuve pour s'en régaler. *Elle* avait oublié la dragée qu'elle y avait mise.

« (1867. Avril, 24.) Mme de B..., née de C... et mère de Mme de S..., reçoit tous les jours de quatre à six heures. Elle a toute sorte de nouvelles qu'elle débite sans nommer les personnes de qui elle les tient. Voilà ce qu'elle m'a raconté sur Sainte-Beuve : « Il mène, malgré son âge, » une vie crapuleuse ; il vit avec trois femmes à la fois, qui » sont à demeure chez lui. » Sainte-Beuve m'a laissé des cartes, m'a écrit, mais il n'est jamais entré dans mon salon. Il est admiré comme écrivain, estimé comme critique : quand il a parlé d'un livre, son jugement est accepté ; mais, comme considération personnelle, il n'en a pas. Il a fait des pieds et des mains pour entrer au Sénat, duquel pourtant il se moquait. — Il a écrit du mal de personnes qui lui avaient fait beaucoup de bien. — Il passe pour très-gourmand ; et, comme je l'ai dit plus haut, sa vie privée est très-immorale. — M. Sainte-Beuve n'a

qu'un Dieu, le plaisir; il n'a aucune conviction religieuse, et, un jour, en parlant de l'homme du peuple et de lui-même, il disait : « L'homme sans éducation est
» une fleur des champs, tandis que je suis une fleur de
» serre [1]. »

J'ai répondu :

« Ce 16 juin 1868.
» Princesse,

» J'ai l'honneur de vous renvoyer les cahiers manuscrits que vous m'avez fait l'honneur de me communiquer. Le hasard est quelquefois malin et spirituel. Il l'a été cette fois, vous en conviendrez vous-même, en me donnant l'occasion de lire, et par vos soins mêmes, princesse, certaine note me concernant et qui n'est pas due tout entière à Mme de B... Je serais tenté de vous en remercier. Cette circonstance me permet, en effet, de vous faire observer, princesse, que, si je ne suis jamais entré dans votre salon, ce n'est pas faute assurément d'y avoir été convié par vous. Ce n'est donc point à mon *peu de considération,* comme vous dites, que j'ai pû devoir de n'y être point admis, mais à une discrétion de ma part et à un éloignement instinctif dont j'ai à me féliciter aujourd'hui.

» Quant aux autres inculpations graves dont vous n'avez pas craint de salir votre plume, il en est qui se réfutent d'elles-mêmes. Comment se pourrait-il que j'eusse tout fait *des pieds et des mains* pour entrer au Sénat, quand

---

[1]. Je n'ai jamais pu dire une telle bêtise : un homme n'est pas une *fleur.*

je n'ai jamais fait d'article sur l'*Histoire de César*, n'imitant point en cela M. de ... et M.....?

» Quant aux convictions religieuses, vous-même, princesse, m'avez plus d'une fois mis sur ce sujet, quand j'ai eu l'honneur de vous rencontrer. Et je puis dire qu'à la crudité avec laquelle vous vous exprimiez, il n'eût tenu qu'à moi de vous juger beaucoup plus irréligieuse que je ne demanderais jamais à une femme de le paraître.

» Ma vie privée a un avantage; si elle a ses faiblesses, elle est naturelle et au grand jour. Or, l'histoire des *trois femmes* à domicile est une légende vraiment herculéenne, et dont je n'ai pas à me vanter. De tout temps, ç'a été faux et archifaux, comme le savent tous les amis qui m'ont visité, même en mes beaux jours.

» Ce qui me choque peut-être le plus dans ce passage si indigne de votre plume, c'est le mot que vous me prêtez. Quoi! j'aurais dit qu'un homme sans éducation est une *fleur des champs,* tandis que, moi, je suis une *fleur de serre!* Non, non, croyez-le bien, princesse, je n'ai jamais pu dire ni penser qu'un homme fût une fleur. Je réserve ces images pour un sexe différent.

» Veuillez agréer, princesse, l'hommage définitif d'un respect qui n'aura plus lieu de s'exprimer.

» SAINTE-BEUVE. »

CCXLIX

Ce 18 juin 1868.

Princesse,

La dame est dans tous ses états : elle a reçu avant-hier soir le paquet, accompagné d'une lettre courte, mais définitive. Elle m'a envoyé hier M. L..., que j'ai achevé d'édifier par une lecture complète du morceau. D'explication elle n'en donne pas, sinon qu'elle avait oublié avoir écrit cette belle page, et ce même oubli, elle l'invoque aujourd'hui pour le tout. Sans attendre même le retour de M. L..., elle m'a écrit une lettre où elle m'assure de son *estime*. Grand merci! Je ne répondrai pas : j'ai dit seulement à M. L... que, de mon côté, je n'y pensais plus et que je me tiendrais coi; mais je ne lui ai pas laissé ignorer que je vous avais informée, Princesse. En effet, sans parler des saletés qui ne se réfutent pas, il y a sur le Sénat et ce que j'aurais fait pour y arriver des choses qu'on serait tenté un jour de croire (si elles n'étaient rabattues), car elles auraient tout l'air de venir de la personne la plus à même d'être informée à ce sujet.

Chassons ces vilaines odeurs, comme dirait Veuillot. — Respirons vite l'air de Saint-Gratien et qui nous en vient. J'assiste en idée à ces belles et bonnes matinées charmées et tranquilles, où Soulié et Zeller fournissent l'étoffe d'un entretien que relèvent çà et là bien des vivacités piquantes et d'éblouissantes diversions. Oh! les beaux rayons de soleil qui percent tout à coup à la traverse! Je vois d'ici tout cela, et je mets à vos pieds, Princesse, avec mes pensées, l'hommage de mon tendre et inaltérable attachement.

CCL

Ce 20 juin 1868.

Princesse,

Elle est charmante, cette photographie, la physionomie animée, la lèvre parlante, la nuance de la dentelle qui couvre l'épaule est comme de la peinture : il faudrait être Gautier pour rendre cela comme il faut; la chère image est déjà dans son petit cadre sur ma cheminée.

Je joins ici copie de la lettre écrite à la dame[1]; la copie est exacte; il y avait sur l'original un post-scriptum encore, relativement à la personne qui lui avait pu dire que le monsieur *disait du mal* de ceux qui lui *faisaient du bien*; mais la lettre peut s'en passer. A cause de ses très-bonnes et très-aimables sœurs, soyez indulgente, Princesse. M. Giraud est venu hier m'en parler : il la connaît à fond, et nous sommes tombés d'accord.

La réponse de l'empereur à Duruy a été bienveillante, pas décisive. Je crains que ce ne soit toujours la même histoire.

Les chers Goncourt sont venus me dire adieu. Ils m'ont dit un mot de la discussion du dîner : votre lettre, Princesse, me l'explique mieux. Ce n'est pas le talent en effet qui manque aujourd'hui. Que d'essais! que de tentatives et de fragments! mais la dispersion est aussi complète que possible, et chacun ne se contente pas de

1. On vient de la lire, à la suite de l'extrait auquel elle servait de réponse.

vouloir être *soi* et original, ce qui serait bien, mais on ne tient nul compte du voisin; on l'ignore tant qu'on peut. Rien ne se combine.

... J'ai vu le *tendre* Eudore, très-heureux.

Je voudrais en vain continuer, Princesse, l'encre s'y oppose, ma plume se refuse; je reprendrai quand l'écritoire sera moins boueuse. En vain mes sentiments coulent de source, la chaleur boit tout ce qui voudrait sortir.

Daignez agréer, Princesse, l'hommage de mon tendre et inviolable attachement.

CCLI

Ce 23 juin 1868.

Princesse,

Voici la lettre, intéressante et touchante de pensée : ces douleurs si prévues sont plutôt profondes que vives; on les a pour ainsi dire souffertes longtemps avant de les éprouver en réalité.

... Il y a un roman de M. Ernest Daudet, *Marthe Varades*, qui n'est pas mal : vous pourriez le risquer, Princesse, entre deux livres d'histoire.

Ce bel été a ses inconvénients, et je les ressens depuis deux jours, étant redevenu suffrant; misère! nous sommes une machine : un seul petit ressort dérangé influe sur tous les autres.

Heureux ceux qui, réunis avec choix, groupés autour d'une affection, au sein d'une agréable nature, jouissent des douceurs de l'esprit tout en respirant le bien-être ! C'est ainsi que la vie a son prix. J'envoie mes vœux au cercle fortuné de Saint-Gratien.

Daignez agréer, Princesse, l'hommage de mon tendre et inaltérable attachement.

CCLII.

28 juin 1868.

Princesse,

Robert Halt est un nom de guerre... Il est du Midi et a été d'abord chez des prêtres, et en a souffert, et a appris à les connaître. Il connaît beaucoup Mme Champseix, qui a écrit elle-même de très-remarquables romans sous le nom d'André Léo. Vous pourriez les faire demander, Princesse. Ce sont des philosophes. Robert Halt connaît beaucoup mon secrétaire Troubat, et il a même été quelque temps son professeur dans le Midi, ce qui lui donne environ quarante ans. — Eh bien, le croiriez-vous, Princesse! au ministère de l'intérieur, on a refusé l'estampille à *Madame Frainex*. C'est ainsi que l'empereur est servi par des idiots ou des peureux ou des hypocrites de pudeur. Voilà donc un homme de talent dont on gêne le succès tant qu'on peut : ainsi on a fait dans le temps pour *Madame Bovary* de Flaubert.

— On est en train de faire pour *le Moniteur* une grosse sottise, et on la fera. X... intrigue pour avoir l'affaire; je n'en ferai mon compliment à personne. M. Rouher bouffi est inabordable; et puis *qu'est-ce que ça lui fait*, ainsi qu'à La Valette? C'est ainsi que tout chef d'État qui n'est pas méfiant, vigilant, toujours sur le dos des gens, toujours interrogeant, est servi! il ignore ou sait mal. En donnant à tous la liberté de la presse, le gouvernement s'arrangera pour perdre le seul organe considérable qu'il ait et où il réunit sous le drapeau des noms honorables et des plumes estimées. Pour moi, je ne resterai jamais au *Moniteur* de Plon, censuré par M. Norbert-Billiard. O Sire, que de sottises on commet en votre nom !

Vous voyez, Princesse, à mon pessimisme, que je suis souffrant. Ces souffrances n'ont pas diminué.

Je mets à vos pieds, chère Princesse, l'hommage de mon tendre et inviolable attachement.

Soulié sera, quand il le voudra, le plus fin des critiques. Mais qu'il veuille donc ! ordonnez, Princesse !

CCLIII

Ce 3 juillet 1868.

Princesse,

En voilà bien d'une autre. *Le Figaro* s'est emparé de l'anecdote qui voltigeait dans l'air. Ma foi ! tant pis, je fais le mort et cela ne me regarde pas.—Mais ce même *Figaro* m'apprend un mot de la Princesse, un mot bien cinglé.

J'ai reçu des Goncourt la plus aimable lettre de Vichy : nul doute que Saint-Gratien n'en ait déjà plus d'une. J'ai vu Zeller, Viollet; on me soigne. J'ai reçu d'Eudore la plus jolie lettre pour me dire qu'il est né et qu'il mourra paresseux, tendre, rêveur, et qu'il ne peut prendre la plume pour écrire même une lettre.

Me revoilà mieux : mais que tout cela avertit, rappelle à l'ordre quand on n'a nul besoin d'y être rappelé; et comme les sentiments véritables, en y acquérant toute leur sincérité sérieuse et leur profondeur, y perdent leur velouté et leur fleur! Comme la rêverie y perd son charme, et ces doux clairs de lune que vous avez à Saint-Gratien, comme on ne les a plus!

Ce qui est bien loin du clair de lune, mais ce qui est bien, le surintendant a été très-bon pour un pauvre homme que je lui avais recommandé et qu'il a introduit au Louvre. Qu'un remercîment de moi lui arrive par vous, Princesse!

Et daignez agréer l'hommage de mon tendre et inviolable attachement.

CCLIV

Ce 10 juillet 1868.

Princesse,

Je crains bien de n'avoir pas sous la main la personne qu'il vous faudrait. La dame à laquelle j'avais pensé autrefois n'est plus à Paris ni voisine de Paris : elle a quitté et je ne saurais où l'atteindre. Et puis elle est un peu trop âgée et trop faite, et, quoique ayant les qualités essentielles, je ne sais si la forme y serait, et elle ne serait plus assez souple pour se faire à ce mouvement aimable et vif, mais prompt et toujours actif.

Il faudrait quelqu'un de jeune encore et déjà mûr. Je connais bien une personne capable par l'esprit, par le caractère, qui remplirait bien des conditions : je pourrai vous en parler à la première rencontre. L'inconvénient est qu'elle est déjà engagée dans la littérature. Cependant la chose mérite peut-être qu'on y pense. — Nous avons cette personne sous la main.

J'ai vu hier le bon docteur Phillips, qui porte sur sa figure la joie d'être tous les soirs à Saint-Gratien.

Voilà une place de sénateur encore par la mort de M. Thayer. Oh! notre pauvre M. Giraud!

Je lis le dernier livre de Prévost-Paradol[1]: la forme en est modérée. Je crains que ce ne soit pas assez historique pour vous en conseiller la lecture : c'est didactique, bien que très-élégant.

Daignez agréer, Princesse, l'hommage de mon tendre et inaltérable attachement.

CCLV

Ce 17 juillet 1868.

Chère Princesse,

Je suis en effet redevenu fort souffrant. C'est ma condition. Ma santé est et sera désormais une suite de va-et-vient qu'il est impossible de prévoir un jour à l'avance, et je voudrais épargner à mes amis le contre-coup de ces vicissi-

1. *La France nouvelle.*

tudes qui, en se contenant dans de certaines limites, n'impliquent pas danger, mais seulement des sensations plus ou moins désagréables.

J'ai ressongé à la dame-secrétaire. Je crois vraiment que j'ai quelqu'un sous la main. Comme il y a de l'esprit et de l'honnêteté, on pourrait accoutumer vite la personne et l'essayer même sous Mme de Fly, sans qu'elle demeurât d'abord à l'hôtel. J'aurai l'honneur de vous en parler, Princesse, à la première occasion.

Je mets à vos pieds l'hommage de mon tendre et inviolable attachement.

CCLVI

Ce 21 juillet 1868.

Princesse,

J'envie les fraîcheurs de Saint-Gratien: je viens de voir le docteur Phillips, qui m'a trouvé peu vaillant.

Je suis souvent assailli de demandes que je dissimule. — En voici une dont l'auteur mérite intérêt; c'est un jeune homme fort gentil de sa personne : il ambitionne la croix, il paraît que cela dépend de Schneider. Si *Marthe Varades* vous a plu, soyez-lui indulgente, Princesse.

Je mets à vos pieds l'hommage de mon tendre et inaltérable attachement.

CCLVII

Ce vendredi 31 juillet.

Princesse,

C'est là une grave question.

Je ne doute pas qu'il ait pu faire cette réponse : il est sans tact certainement, il est *entrant*, il est ..., il ne doute de rien.

Il mérite certainement une leçon. Mais je crois que ces défauts de manque de tact suffisent à expliquer sa conduite, sans rien de plus fâcheux ni de plus prémédité. Je ne crois pas qu'il y ait beaucoup d'*arrière-pensée*.

C'est un provincial transatlantique.

Princesse, j'ai un peu le cœur gros, parce qu'ayant essayé avant-hier de la voiture, j'ai senti que je ne pouvais sans inconvénient : j'ai dû descendre presque aussitôt.

Phillips me fait espérer que plus tard cela pourra m'incommoder moins.

J'ai soif de reprendre un peu la vie d'amitié.

Daignez agréer, Princesse, l'hommage de mon tendre et inviolable attachement.

CCLVIII

Ce 15 août 1868.

Chère Princesse,

L'heure à laquelle je pouvais espérer vous voir est passée. Il faudrait bien de la conversation et ce qui se dit de vive voix pour s'expliquer sur ces dernières émotions ; mais ce qui est frappant et ce qu'un bon médecin politique noterait et dont il tiendrait grand compte, c'est cette disposition fébrile, cette maladie de l'opinion qui fait que tout devient sujet d'émotion et de scène. Dans le cas particulier, le point capital me paraît être la maladresse de ceux qui, ayant charge de veiller et de prévoir, ont manqué essentiellement de tact. Comment avoir l'idée de faire présider semblable cérémonie par un enfant [1], lequel, à ne tenir compte que des études, serait encore assis sur les bancs les plus inférieurs? Le reste n'a été qu'une conséquence [2].

Je suis fort affecté de tout ce que je vois et j'observe. Baudrillart est une plume honnête, mais qui réussit peu auprès du public; et qu'est-ce qu'un journaliste qui ne réussit pas ? Je crois souvent reconnaître Sacy sous ses phrases. — Sacy a été, en son temps, un bon journaliste ministériel : il est usé. Son gendre ne sera jamais un journaliste à plume adroite et alerte. La combinaison n'a pas été heureuse [3]. — Ils sont, à chaque instant, condamnés à combattre le *Journal des Débats*, dont ils ont été, dont ils sont sortis et avec qui on était accoutumé à les identifier. C'est une position fausse.

Mais je rabâche moi-même et je fais comme

1. Le prince impérial occupait une place d'honneur à la distribution des prix du grand concours (10 août 1868).

2. L'ovation faite à l'un des élèves couronnés, fils du général Cavaignac.

3. MM. de Sacy et Baudrillart avaient pris la direction du *Constitutionnel*.

les gens qui vivent trop avec eux-mêmes et avec leurs pensées. Que je voudrais les rafraîchir et les noyer dans des torrents d'air salubre et de mouvement champêtre, les renouveler dans les entretiens et avec l'enjouement de l'amitié!

Je mets à vos pieds, Princesse, l'hommage de mon tendre et respectueux attachement.

CCLIX

Ce 29 août 1868.

Chère Princesse,

Je ne sens mon mieux qu'à l'absence de souffrance, mais il n'y a plus ni charme ni contentement véritable pour moi.

Dalloz, en effet, me paraît avoir perdu la partie. On va faire plaisir à P..., à M. N... et à M. de S... et à quelques autres subalternes, qui y trouveront leur compte : je serais étonné que le gouvernement n'y perdît pas. Je crois que Dalloz entend ses affaires : c'était une raison pour lui faire des conditions étroites, non pour l'évincer.

Pour moi, je sais bien une chose : c'est que, mieux au fait que la plupart, de ces questions de presse et de *Moniteur* dès l'origine, personne n'a jamais daigné me demander un avis que j'eusse donné en homme honnête et de bon sens. Je me considérerai donc comme parfaitement délié envers la nouvelle administration; je ne déserterai personne, mais j'irai où il me plaira : c'est bien le moins. Ce qu'on aura entrepris sans nous, on le continuera sans nous.

J'ai lu le triste article Sacy-Baudrillart sur une dame illustre. Quand la ... connaîtra-t-elle des bornes? Quand les écrivains éviteront-ils de faire sur le public l'effet contraire à celui qu'ils croient produire?

J'ai vu L...; il m'a dit des choses curieuses, et tout cela ne me rend pas optimiste : j'aimerais à l'être toutefois.

Mérimée m'avait raconté le retour à Fontainebleau, c'est bien; il faudra, dans de telles situations, de l'intelligence, du tact et du caracère : on ne saurait s'y accoutumer de trop bonne heure, et c'est d'un heureux augure.

Le brave M. Giraud ne me paraît pas trop

triste; sa légèreté lui vient en aide, et ce qu'on appelle légèreté n'est peut-être qu'un des noms sous lesquels se déguise la philosophie.

On m'a parlé de la statuette de Barre, comme d'une belle chose et vivante. — Je serai bien curieux de voir que Zeller aura servi de fidèle secrétaire. Il ne faut pas perdre toutes ses pensées ni tous ses souvenirs. — C'est avec les souvenirs que je vis quand je fais ma ronde solitaire le long de mes boulevards et que je me reporte aux bonnes et brillantes heures où le cœur et l'imagination trouvaient leur délicate jouissance.

Je mets à vos pieds, Princesse, l'hommage de mon tendre et inviolable attachement.

CCLX

Ce 2 septembre, mercredi.

Certainement, Princesse, j'y serai jeudi et toujours dès qu'il me sera donné de vous espérer!

J'ai aujourd'hui à dîner Mérimée et M. Giraud, et il me semble que je suis de mon mieux.

Je mets à vos pieds, Princesse, l'hommage de mon tendre et inviolable attachement.

CCLXI

Ce 22 septembre 1868.

Chère Princesse,

L'heureuse visite m'avait remonté pour un temps, mais peu à peu je suis revenu à mon niveau et à cette disposition habituelle qui est peu variée et sans mouvement. Il est inconcevable comme l'idée et la certitude qu'on ne fera plus jamais certaines choses, certains voyages, certaines promenades, des choses même qu'on n'eût peut-être jamais faites, vous calme au fond jusqu'au point de vous glacer et de produire une mortification profonde dans toutes les joies de l'esprit, qui ne sont le plus souvent que des désirs. — Mais je ne viens pas prêcher sur ce ton d'ennui. M. Giraud m'a rapporté des échos de Saint-Gratien, il est amoureux de la statuette. — M. Benedetti doit en savoir un peu plus long qu'un autre sur ces bruits de guerre qui finissent par devenir harcelants : je serais étonné qu'il fût d'avis de la faire. — Je rumine comme les solitaires. — Le sort de Dalloz se décide après-demain, le mien aussi en quelque sorte et en tant que passager.

Une pétition a été adressée à Son Altesse de la part d'une M{^{lle}} Krohm. On m'a demandé de vous assurer, Princesse, qu'elle est très-digne d'intérêt personnellement ; et le roi Jérôme avait honoré son père, le capitaine de vaisseau Krohm, d'une marque d'estime particulière.

J'ai (ceci bien bas) mes petits ennuis domestiques qui tirent à leur fin, mais qui jusqu'au terme ne laissent pas de me donner souci et inquiétude.

Je voudrais bien que rien ne changeât au dedans, car cet humble intérieur, ainsi arrangé, me donnait les moyens de recevoir, — de ne pas traiter trop indignement d'illustres et bien chers visiteurs et hôtes.

Je mets à vos pieds, Princesse, l'hommage de mon tendre et respectueux attachement.

CCLXII

Ce dimanche 27 (septembre).

Princesse,

Dès les premières lignes, j'avais nommé le modèle. Il est bien ressemblant et d'une ressemblance intérieure. Heureux ceux qui sont dessinés et montrés ainsi ! Je n'oublie pas que j'ai cet honneur dans ce joli portrait en réplique que je garde dans mes trésors.

Je mets à vos pieds, Princesse, l'hommage de mon tendre et inviolable attachement.

CCLXIII

Ce 17 janvier 1869.

Princesse,

Quinze jours se sont écoulés[1].

---

1. Lettre à la Princesse après sa visite au sujet de mon entrée au *Temps*. (Note de M. Sainte-Beuve sur la minute de cette lettre.)

J'ai beau chercher et m'interroger, je ne puis découvrir que j'aie eu aucun tort personnel envers Votre Altesse.

Vous m'aviez accoutumé, Princesse, à une amitié toute différente, — si différente, que je n'ai pu considérer l'entrevue de lundi que comme un accident extraordinaire, quelque chose qui n'était pas de vous, mais d'un autre.

Pour moi, j'ai mis le signet après la visite du dimanche. Le livre se ferme pour moi ce jour-là à cinq heures et demie du soir : se rouvrira-t-il jamais un jour?

Je sais ce que je dois à tant de bontés, à tant de souvenirs, à tant d'avances d'amitié dont les témoignages m'environnent et ne cesseront de m'entourer. L'étonnement dont j'ai été saisi lundi et dont j'ai eu peine à revenir passera. Tout ce qui a précédé vit et vivra. En ceci du moins je garderai la foi qui me manque si souvent ailleurs : même lorsque je ne pourrai plus espérer, j'attendrai encore, et une voix du dedans murmurera tout au fond de moi : *Non, ce n'est pas possible!*

— Je mets à vos pieds, Princesse, l'hommage de mon respectueux et invariable attachement.

FIN.

MICHEL LÉVY FRÈRES, ÉDITEURS

DERNIERS OUVRAGES PUBLIÉS FORMAT GRAND IN-18
à 3 fr. 50 c. le volume

C.-A. SAINTE-BEUVE
de l'Académie française vol.
Lettres à la Princesse............ 1
P.-J. Proudhon, sa vie, sa correspondance, 3e édition............ 1

GEORGE SAND
Impressions et Souvenirs.......... 1
Nanon, 4e édition............ 1

PROSPER MÉRIMÉE
de l'Académie française
Dernières Nouvelles............ 1

ALEXANDRE DUMAS FILS
Thérèse............ 1

OCTAVE FEUILLET
de l'Académie française
Julia de Trécœur, 7e édition...... 1

LOUIS DE LOMÉNIE
de l'Académie française
Beaumarchais et son temps, 2e édit.
revue et corrigée............ 2

A. DE PONTMARTIN
La Mandarine............ 1
Nouveaux Samedis............ 8

HECTOR MALOT
Un Mariage sous le second Empire. 1
La Belle Madame Donis.......... 1

COMTE AG. DE GASPARIN
Innocent III............ 1
La Conscience, 3e édition........ 1

TH. DE BENTZON
La Vocation de Louise............ 1
Les Humoristes Américains........ 1

EUGÈNE MANUEL
Pendant la guerre, 2e édition...... 1

EDMOND PLAUCHUT
Le Tour du monde en 120 jours.. 1

VICTOR HUGO
L'Année terrible, 19e édition...... 1

DUC DE BROGLIE
de l'Académie française vol.
Vues sur le gouvernement de la
France, publié par son fils. 2e éd. 1

ALBERT MILLAUD
Voyages d'un Fantaisiste.......... 1

AMÉDÉE ACHARD
Histoire d'un Homme............ 1

ADOLPHE D'ENNERY
Le Prince de Moria............ 1

* * *
La Dame au Rubis............ 1

BRET-HARTE
Traduction de Th. de Bentzon
Récits Californiens............ 1

MAURICE SAND
L'Augusta............ 1

**L'AUTEUR
DU PÉCHÉ DE MADELEINE**
Les Nouvelles Amours d'Hermann
et Dorothée............ 1

ERNEST FEYDEAU
Catherine d'Overmeire, *nouv. édit.* 1
Sylvie, *nouvelle édition*............ 1

H. BLAZE DE BURY
Les Maîtresses de Gœthe.......... 1

CHARLES MONSELET
Monsieur de Cupidon, *nouv. édit.* 1

Mme DE SAMAN
Les Enchantements de Prudence,
2e édition............ 1

PIERRE VÉRON
Les Coulisses du grand Drame.... 1

COMTESSE DASH
Les Malheurs d'une Reine........ 1

ÉDOUARD CADOL
Madame Elise............ 1

P. A. FIORENTINO
Les Grands Guignols............ 2

CLICHY. — Impr. P. DUPONT et Cie, rue du Bac-d'Asnières, 12.

www.ingramcontent.com/pod-product-compliance
Lightning Source LLC
Chambersburg PA
CBHW050548170426
43201CB00011B/1608